강제동원&평화총서 - 감感 · 동動 7

일제
강제동원
Q&A ②

강제동원&평화총서 – 감感·동動 7

일제
강제동원
Q&A ②

초판 1쇄 발행 2017년 4월 30일

저　자 | 조건 · 김윤미 · 노다니엘 · 신희석 · 심재욱 · 정혜경 · 최영호
발행인 | 윤관백
발행처 | 도서출판 선인

편　집 | 박애리
표　지 | 박애리
영　업 | 김현주

등　록 | 제5-77호(1998.11.4)
주　소 | 서울시 마포구 마포동 324-1 곳마루 B/D 1층
전　화 | 02)718-6252/6257　팩 스 | 02)718-6253
E-mail | sunin72@chol.com

정　가 8,000원
ISBN 979-11-6068-021-8 04900
ISBN 978-89-5933-636-4 (세트)

강제동원&평화총서 – 감感 · 동動 7

일제
강제동원
Q&A ②

조건 · 김윤미 · 노다니엘

신희석 · 심재욱 · 정혜경 · 최영호 저

[감感동動 7 - 일제 강제동원 Q&A②]는 아시아태평양전쟁시기 일제에 의해 자행된 조선인 강제동원의 기본적인 개념들을 일반 독자에게 알기 쉽게 소개하고자 마련한 것입니다. 이번에는 지난 2015년 여름에 발간된 제1권에 이어 제2권을 선보이게 되었습니다.

제2권은 제1권과 마찬가지로 [일제강제동원&평화연구회]가 발간하는 [P's Letter(뉴스레터)]의 '일제강제동원 Q&A' 코너에 소개된 것들을 비롯하여 분야별로 필요한 문항들을 새롭게 추가하였습니다. 특히 제2권에서는 여러 항목들을 노무·군인·군속·동원일반·전시정책 등의 주제별로 분류한 것이 특징입니다.

'강제동원 Q&A' 시리즈는 평소 강제동원과 관련된 언론 보도나 연구를 접하면서 이해가 충분하지 못했던 부분들에 대한 궁금증을 간편하게 해소할 수 있도록 기획된 것입니다. 아무쪼록 독자들의 많은 관심과 호응을 기대합니다.

목차

강제동원 Q&A ②

1장_노무편

Q&A_01 근로보국대란 무엇인가요?   8

Q&A_02 조선인 강제동원과 미쓰비시 그룹은 어떤 관련이 있나요?   14

2장_군인편

Q&A_03 용산 미군기지에 일본군이 주둔했었다는 게 사실인가요?   56

Q&A_04 광복군이 된 학병들에 대해서 알고 싶습니다.   61

Q&A_05 조선인들을 대상으로 한 징병은 언제, 어떻게 결정되었나요? 65

Q&A_06 일본군이 전라도 해안에 건설한 군사 시설에 대해서
        말해주세요.   70

3장_군속편

Q&A_07 일본 해군으로 동원된 한인 군속들은 얼마나 되나요?   78

Q&A_08 해군 군속과 관련한 명부에는 어떤 것들이 있나요?   81

Q&A_09 군속으로 동원된 조선인들은 얼마나 사망했나요?   88

4장_동원일반편

Q&A_10 국민의용대란 무엇인가요?   92

Q&A_11 어린 아이들도 강제동원되었다는 게 사실인가요?   107

5장_전시정책편

Q&A_12 전시 대본영이란 무엇인가요?   114

Q&A_13 대동아금융권이란 무엇인가요?   118

6장_해방이후편

Q&A_14 GHQ의 한인 귀환정책에 대해 설명해 주세요.   122

Q&A_15 도쿄전범재판(극동국제군사재판)이란 무엇인가요?   125

Q&A_16 조선인들은 왜 BC급 전범이 되었나요?   132

Q&A_17 일본의 '조선인강제연행진상조사단'이란 무엇인가요?   138

찾아보기   142

노무편 1장

Q&A_01 근로보국대란 무엇인가요?
Q&A_02 조선인 강제동원과 미쓰비시 그룹은 어떤 관련이 있나요?

"보국대 갔어." 1940년대 어린시절을 보냈던 분들에게 어렵지 않게 들을 수 있는 말입니다. 근로보국대는 일제시대 조선인들을 일상적으로 강제동원했던 방법이었습니다. 국가총동원법과 함께 실시된 각종 통제법령이 '상시요원'을 대상으로 하였다면, 상시노동력에 포함되지 않는 학생, 여성, 농촌 인력 등은 '임시요원'으로 분류하고 이들을 동원하기 위한 제도를 만들었는데, 그 중 하나가 근로보국대였습니다.

근로보국대라는 이름으로 조선인들이 동원되기 시작한 것은 1938년입니다. 7월 1일 내무부장이 〈국민정신총동원근로보국운동(國民精神總動員勤勞報國運動)에 관한 건〉을 발표하면서였습니다. 지역별로 차이가 있지만, 20~40세를 대상으로 하였습니다. 행정단위(도道, 부府, 군郡, 읍邑, 면面)에 따라 각 지역별로 구성된 일반근로보국대, 학교별로 구성된 학생근로보국대, 각종 단체에서 구성된 각종연맹근로보국대가 만들어졌습니다. 학생들의 경우 6월 11일 정무총감이 〈학생생도의 근로봉사작업실시에 관한 건〉을 발표하면서 여름방학 동안 학생들을 동원하도록 했습니다.

일주일간 전국적으로 근로보국대를 조직해서 운동을 진행했습니다. 황무지 개간, 나무심기, 도로나 하천의 개수, 저수지 또는 용배수로 준설, 신사 청소, 철도공사, 비행장 건설 공사 등 대부분 공공사업을 하였습니다.

부르는 이름은 다양했습니다. 청년근로보국대, 노동봉사대, 부인노동단, 이앙단, 노동봉사대, 학교근로보국대, 아동근로보국대 등의 명칭으로 불렸습니다. 각 단체별로도 결성이 됩니다. 종교단체, 각 관공서도 포함되었습니다.

이렇게 시작된 근로보국대는 필요할 때마다 구성이 되었습니다. 마을 공공사업부터 국가사업에 이르기까지 동원되는 작업이 다양했습니다. 근로보국대를 운동의 형식으로 시작한 후, 다음해인 1939년부터는 실제적인 노동력 동원을 진행했습니다. 특히 각종 토목공사장에 필요한 인력을 공급하려고 했습니다. 동원기간은 30일이었습니다.

근로보국대는 필요시 일시적으로 조직되는 체계였습니다. 그러나 정규노동력 확보를 위해 1940년부터 근로보국대 대원 중에서 일부를 편성해서 특별근로보국대라는 것을 구성했습니다. 경기도에서는 1940년 근로보국대 대상을 18만명으로 산정하고, 각 군郡마다 350명을 차출하여 총 7천명을 조선 북쪽으로 보내는 계획도 세웁니다.

근로보국대와 관련한 법령이 제정된 것은 1941년입니다. 11월 22일 칙령 제775호 〈국민근로보국협력령(國民勤勞報國協力令)〉이었습니다. 법적으로 '국민근로보국대'라는 명칭이 정해졌습니다. 이 법령에 따라 남자 14~40세, 여자 14~25세 미혼여자가 대상이 되었습니다. 조선인 약 400만명을 동원할 수 있는 법령이었습니다. 연령은 점차 확대되었습니다. 동원할 사람들이 더 많이 필요했기 때문입니다. 1943년 12월에는 남자 14세 이상, 50세 미만이 대상이 되었습니다. 1944년 11월에는 남자 16세 이상 60세까지, 여자 14세 이상 40세로 배우자 없는 여성으로 결정되었습니다.

동원기간도 1938년 시작 단계에서는 30일이었지만, 각 지역별로 또는 각 작업장별로 기준이 달랐습니다. 동원지역의 범위는 군내(郡內) 동원, 도내(道內) 동원, 도외(道外) 동원으로 나누어 볼 수 있습니다. 1943년의 조선총독부 지침을 보면 도외 동원의 경우, 토목건축사업장에서는 고용한 날부터 그해 12월말까지, 기타 산업은 1년 이상 2년 이내로 하였습니다. 도내 동원의 경우 2개월 이상, 군내 동원의 경우 1개월 이상으로 했습니다. 여기에서도 알 수 있듯, 근로보국대는 동원지역이 한정되어 있지 않았습니다. 한반도 전 지역으로 동원되고 있었습니다.

1941년 제정된 법령에서는 근로보국대의 동원작업을 "국가적 봉사작업, 공공적 봉사작업, 노무인적 자원 보급, 그 외 봉사"라고 규정합니다. 구체적으로 물자공출, 군사원호, 군사 혹은 국가에서 필요한 토목건축 및 운반작업, 방호를 위한 작업, 물자증식, 농산어촌과 광산공장의 경비, 기타 각종작업이었습니다. 그리고 다양한 공공사업을 명시하고 있습니다.

▶ '근로보국'의 의미가 뭔가요?

근로보국(勤勞報國)은 '근로'로서 나라의 은혜에 보답한다는 의미입니다. 일본은 군인동원의 대상이 되지 않았던 조선인들에게 근로를 최고의 덕목이자 절대적 의무라고 강조합니다. 즉, 생활 속에서 천황에 대한 복종과 감사의 마음을 가지고 근로를 생활하는 것이 근로보국이며, 근로보국대라는 조직을 통해 체계적으로 운용하겠다는 논리였습니다. 이것은 정신적인 동원을 통해 '자발적'인

모습을 보이도록 하는 육체동원이었습니다.

일제는 언제든지 전장으로 보낼 수 있는 상비군처럼, 근로보국
대를 총동원체제 속에서 언제든지 노동현장에 투입할 수 있는 준
비된 노동부대로, 그리고 노동력 동원의 기반조직으로 운용하고
자 했던 것입니다.

▶ 근로보국대는 몇 명이나 동원되었나요?

명확한 자료가 남아있지 않아서 여러 가지 자료를 비교하여 대
략의 규모를 짐작해볼 뿐입니다. 근로보국대로 2~3번 동원되는
경우가 많아서 연인원으로 추산합니다. 해를 거듭할수록 더 많은
인원이 근로보국대라는 이름으로 동원되었다는 것을 감안해야 합
니다. 아래와 같은 자료에 따르면 1940년대는 최소한 약 65만명
이 근로보국대로 동원되었다고 합니다.

1940년 근로보국대 동원수   (단위:명)

지역별	동원수	지역별	동원수
경 기 도	32,446	평안남도	17,380
충청북도	3,561	평안북도	256,480
전라남도	64,078	강 원 도	116,362
경상북도	16,583	함경남도	1,054
황 해 도	67,797	함경북도	76,740
합계			652,481

그런데 1944년에 이르면 조선인 동원은 더 어려워지게 됩니다.
어린아이와 노인들까지 동원되는 상황이 됩니다. 1944년 도내로
동원된 경우만 보아도 근로보국대로 거의 200만명이 동원됩니다.
도내의 필요한 노동력의 78.4%가 근로보국대였던 것이지요.

1944년 도내道內동원 현황		(단위:명)
구분	인원수	비율
도내관알선	492,131	20.0%
근로보국대	1,925,272	78.4%
모집	37,321	1.5%
합계	2,454,724	

▶ 근로보국대는 한반도(국내) 외, 다른 지역으로도 동원되었나요?

근로보국대라는 이름으로 동원된 것은 한반도(국내) 동원만이 아니었습니다. 1939년에는 일본, 만주, 사할린 등지로 단체를 구성하여 보국대라는 명칭을 붙여 동원이 시작되었습니다. 일본으로는 '농업보국청년대'라는 형태가 있었고, 만주로는 '흥아청년근로보국대', '만주건설근로봉사대'. '만주개척여자근로봉사단'등이 있었습니다. 사할린으로도 '화태개척근로대'라는 명칭으로 보국대를 보냈습니다.

▶ 세간에 "근로보국대가 위안부를 동원했다"고 하는데 정말인가요?

근로보국대는 강제동원 된 사람들입니다. 많은 사람들이 토목공사나 광산 등에서 일했습니다. 노무자인 이들이 위안부를 동원하는 일에 투입되었을 경우는 없겠죠. 조금만 근로보국대에 대해서 이해한다면 이러한 오해는 한 번에 사라질 것입니다.

〈김윤미〉

도움이 되는 글

김윤미, 「총동원체제와 勤勞報國隊를 통한 '國民皆勞'」, 한일민족문제연구 14, 2008.

전성현, 「일제말기 경남지역 근로보국대와 국내노무동원」, 역사와경계 95, 2015.

김미정, 「전시체제기 조선총독부의 여성노동력 동원정책과 실태」, 고려대 박사학위논문, 2015.

중요한 낱말 | ★

근로보국, 보국대, 근로보국대, 국가총동원법, 국민정신총동원근로보국운동, 국민근로보국협력령, 국민근로보국대

■ 미쓰비시 약사

미쓰비시(三菱)는 미쓰이(三井), 스미토모(住友)와 함께, 근대 일본 3대 재벌이라 부릅니다. 1835년 시코쿠(四國) 도사(土佐)번 [현재 일본 고치高知현]에서 출생한 하급 무사 이와사키 야타로(岩崎彌太郎)가 1873년에 미쓰비시상사를 설립하면서 탄생했습니다. 에도(江戶) 막부 말기 관변상인(政商)으로 출발한 이와사키는 1870년에 99상회의 감독으로 임명되면서 중앙 상업계에 뛰어들었습니다. 99상회는 도사번 출신의 사카모토 료마[坂本龍馬. 1836~1867. 도사번 출신의 하급 무사였으나 일본이 개국하는 등 복잡한 국제정세 아래 놓인 어려운 시기에 일본 막부시대를 종식시키고 근대 일본의 토대를 만들었다고 평가받는 지사]가 암살당한 후 도사번 차원에서 오사카에 설립한 상점입니다. 이와사키는 1871년에 폐번치현[번을 폐지하고 현을 설치]을 통해 일본의 모든 번이 폐지되자 주인을 잃은 99상회를 개인 소유로 바꾼 후 도사번 소유였던 선박 세 척을 사들여 1873년에 미쓰비시상사를 설립하고 해운과 무역 중심으로 사업을 벌였습니다.

이 같이 한미한 지방 출신이었던 이와사키가 일본 최대의 상업 중심지역인 오사카에 미쓰비시상사를 설립하게 된 배경은 일반적인 상행위와 거리가 있었습니다. 막부시절에 자신의 출신 지역인 도사번이 설립한 번 소유의 99상회를, 막부체제가 사라지고 주인을 잃은 혼란한 틈을 타서 차지한 셈이기 때문입니다.

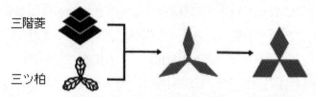

그림 1 이와사키 집안의 가문(家紋)인 「산가이비시(三階菱)」와 도사번 土佐山内(도사야
마우치)집안의 가문 「미쓰카시와(三ッ柏)」에서 유래. 99상회가 선기호(船旗号)로 채용
한 삼각 히시(菱, 자포니카 꽃잎)의 마크가 현재 쓰리다이아(三菱마크)의 원형[대일항쟁
기 위원회 진상조사시스템].

설립 직후부터 미쓰비시는 일본 국내 세이난(西南)전쟁[1877년
현재의 구마모토 현 미야자키 현 오이타 현 가고시마 현에서 사이고 다카모리(西郷
隆盛, 1828~1877, 메이지유신의 주역)가 주도해 일으킨 무사들의 무력 반란. 메
이지 초기에 일어난 무사 반란 중 최대 규모였으며, 일본 역사상 마지막 내전]은 물
론, 일본의 대외 영토 확장과 침략전쟁에 힘입어 성장해나갔습니
다. 1874년 일본이 타이완(臺灣)을 침략할 당시 무기와 병사들을
수송했고, 1875년 강화도 침공 당시에도 병사를 수송했습니다.
특히 세이난전쟁 때에는 정부측의 군대와 군수품 수송을 독점했
고, 전쟁 후 남은 군수품 처분까지 독점해 막대한 이익을 얻었다.
일본 정부가 세이난전쟁 당시 지불한 전비 4,150만엔 중 1,500
만엔을 미쓰비시가 차지했다고 할 정도였습니다.

미쓰비시상사는 1874년에 본사를 오사카에서 도쿄로 옮기면서
회사이름을 우편기선미쓰비시회사로 바꾸고 해운업을 주력사업으
로 설정했습니다. 그 후 설립자가 사망하자 회사이름을 미쓰비시
사(三菱社)로 바꾼 후 1881년에 나가사키의 다카시마(高島)탄광
과 1884년에 임대한 나가사키조선소를 중심으로 사업을 확장해나
갔습니다. 1885년에 제119 국립은행을 인수해 은행 업무에 뛰어

들었고, 1887년에는 도쿄창고[후에 미쓰비시 창고로 변경]를 설립했으며, 같은 해에 정부 소유 나가사키조선소를 불하받은 후 조선업을 확충하고 다카시마와 나마즈타(鯰田) 등 규슈(九州)지역의 탄광을 경영하기 시작했습니다. 1890년대에는 사도(佐渡)와 이쿠노(生野) 광산 경영권을 정부로부터 양도받았습니다.

1893년, 일본 상법 시행에 따라 미쓰비시(三菱)사를 미쓰비시 합자회사로 개편한 후, 이 회사를 지주회사로 삼아 조선업, 광업, 철도, 무역 등 여러 분야로 확장해나갔습니다. 1900년대에 들어서는 사업을 더욱 확장해 1911년에는 조선의 황해도 황주군 겸이포에서 겸이포 철산을 운영하기 시작했고, 1910년대에는 비바이(美唄)와 오유바리(大夕張) 등 홋카이도지역의 대표적 탄산에서 탄광 경영에 나섰습니다. 이러한 사업 확장에 힘입어 미쓰비시조선, 미쓰비시제지, 미쓰비시상사, 미쓰비시광업, 미쓰비시은행, 미쓰비시전기 등을 차례로 설립하면서 1930년에 산하 회사 120개사, 자본금 9억엔의 재벌로 성장하고 일본 3대 재벌이 되었습니다. 또한 일본을 비롯한 각 지역에 계열사나 자본을 투자해 설립한 합자회사도 여럿이었습니다. 그 후 여러 차례의 통폐합을 거쳤습니다. 1945년 11월 조사결과에 의하면, 미쓰비시 재벌 산하 회사는 총 75개사이고, 일본 전국 기업과 비교한 총자본비율은 5.7%에 달했습니다. [1]

미쓰비시 재벌의 간단한 연혁을 보면 다음과 같습니다.

1870년 : 이와사키 야타로(岩崎彌太郎), 도사번 소유의 99상회
[오사카 소재] 감독으로 임명

---

1) 持株會社整理委員會, 『日本財閥とその解體』, 1941, 111~112쪽.

1870년 : 99상회를 개인 소유로 전환

1873년 : 미쓰비시 상사 설립

1874년 : 본사를 오사카에서 도쿄로 이전, 회사이름을 우편기
선미쓰비시회사로 변경

1881년 : 나가사키의 다카시마(高島)탄광 획득

1884년 : 정부 소유 나가사키조선소 임대

1885년 : 설립자 사망, 제2대 사장으로 이와사키 야타로의 동생
인 이와사키 야노스케(岩崎彌之助) 취임, 회사 이름을
미쓰비시사(三菱社)로 변경, 제119 국립은행을 인수

1887년 : 도쿄창고[후에 미쓰비시 창고로 변경] 설립, 정부 소
유 나가사키조선소를 불하받음

1893년 : 상법 시행에 따라 미쓰비시사(三菱社)를 미쓰비시합
자회사로 개편, 3대 사장 취임

1916년 : 4대 사장 취임

1917년 : 미쓰비시조선[현재 미쓰비시중공업의 전신], 미쓰비시 제
지, 일본광학(光學)공업 설립

1918년 : 미쓰비시상사, 미쓰비시광업, 에도가와(江戶川)발륨
공업소 설립

1919년 : 미쓰비시은행 설립

1920년 : 미쓰비시내연기계제조 설립

1921년 : 미쓰비시전기 설립

1927년 : 미쓰비시신탁 설립

1928년 : 미쓰비시항공기 설립

1931년 : 미쓰비시석유 설립

1933년 : 신흥인견(新興人絹) 설립

1934년 : 미쓰비시중공업, 일본타르공업 설립

1935년 : 화공기(化工機)제작 설립

1937년 : 미쓰비시 지소(地所) 설립, 4대 사장인 고야타(小彌太)
가 미쓰비시합자회사를 ㈜미쓰비시사(三菱社)로 개편

1940년 : 주식 공개, 본사 발행주의 절반 정도를 일반 투자가
        에게 배당
1942년 : 미쓰비시제강(製鋼) 설립
1943년 : ㈜미쓰비시사(三菱社)를 미쓰비시 본사로 상호 변경
1946년 : 미쓰비시상사는 12월 28일 지주회사정리위원회령에
        의해 지주회사로 지정되어 정리대상이 됨
1947년 : 7월 3일, 연합국총사령부(GHQ)는 일본정부에 각서
        를 내리고 지주회사에 대한 해체를 지시
1954년 : 미쓰비시상사, 재 합동. 미쓰비시의 부활

    일본의 미쓰비시 소속 기업에서는 일찍부터 조선인을 고용했
습니다. 이미 1917년에 미쓰비시조선소(효고현 소재), 1918년
에 후쿠오카(福岡)현 소재 미쓰비시 소속 탄광에 조선인 취업 기록
이 있으며, 1910년대말 홋카이도의 비바이탄광과 나가사키의 다
카시마, 후쿠오카의 가미야마다(上山田)탄광에도 조선인 기록이
남아 있습니다. [2]
    미쓰비시는 정부로부터 불하받은 나가사키조선소에서 1890년
대 군함 건조를 시작으로 잠수함이나 어뢰 등 무기를 생산했습니
다. 1928년에는 미쓰비시항공기를 설립하고 일본 군용기의 주요
생산 기업으로 자리 잡았습니다. 1934년에는 조선과 항공기 부문
을 합한 미쓰비시중공업을 설립했습니다. 이 같이 일본 각지에 군
수공장을 두고, 나가사키에서 군함, 나고야에서 군용기, 도쿄에서
전차를 제조했습니다.
    1930년대에는 일본은 물론, 조선과 중국, 타이완, 남사할린

2) 정혜경, 『일제시대 재일조선인민족운동연구』, 국학자료원, 2000, 53쪽; 竹內康人, 『調査 朝鮮
   人强制勞動2 - 財閥 鑛山編』, 社會評論社, 2014, 17쪽.

등지에 사업체를 확장해나갔습니다. 조선에서는 1911년 겸이포 철산을 시작으로 1930년대에 한반도 전역의 광산 개발에 나섰습니다. 1910년에 개광한 겸이포 철산은 1911년 미쓰비시(합자)가 양도받아 경영하다가 1918년에 미쓰비시제철(주)에 양도한 후 1935년에 미쓰비시광업(주) 소속으로 바뀌었습니다. 1910년대에 미쓰비시가 한반도에서 운영한 사업체는 겸이포 철산 외에도 1913년에 미쓰비시(합자)가 인수한 미쓰비시 은룡 철산(황해도 재령군)과 남양 철산(황해도 재령군), 월전리 금광(전북 무주군, 충북 영동군)이 대표적입니다. 남사할린에는 1920년대에 남사할린(樺太)탄광철도(주) 등을 설립하고 석탄 채굴에 들어갔고, 중국 동북지역과 타이완에도 각각 미쓰비시 기기(機器)공장과 조선[船渠]공장을 설립했습니다.[3]

■ 아시아태평양전쟁과 미쓰비시

일본정부의 강력한 지원 속에 사세를 확장한 미쓰비시는 일본의 침략전쟁 기간 동안 군수산업체로 급팽창했습니다. 국무총리 소속 대일항쟁기 강제동원피해조사 및 강제동원희생자등 지원위원회(이하 위원회)가 파악한 일본 대기업의 강제동원 관련 작업장 운영 상황을 보면, 미쓰비시는 284개소의 작업장을 직접 운영하거나 자본을 투자해 운영했습니다.

---

3) 미쓰비시재벌 약사에 대해서는 지주회사정리위원회, 『日本財閥とその解體』, 1941, 11~15쪽, 105~117쪽, 235쪽 참조.

일본 주요 기업의 강제동원 관련 작업장 운영 실태(합자 포함)

구분	한반도	일본	사할린	동남아·태평양	중국·만주	소계
미쓰이계	129	62	4	20	4	219
미쓰비시계	114	139	4	19	8	284
스미토모계	32	50	1	3	5	91
일본제철계	25	68	2	2	3	100
니시마쓰구미	23	33			3	59

　미쓰비시는 일본 본토는 물론이고 한반도와 사할린, 동남아, 태평양, 중국, 만주에 걸친 식민지와 점령지 등 모든 제국 일본 영역에서 해당 지역의 인력과 물자를 동원했습니다.

　직종별 지역별 특징을 보면, 탄·광산은 사할린이 100%(4개소), 한반도가 77.19%(88개소)로 집중되어 있고, 일본지역이 38.1%(53개소)이며, 태평양은 11.8%(2개소)에 그쳤습니다. 군수공장은 일본지역이 81개소(58.3%)로 가장 많았고, 농장은 동남아·태평양이 73.7%(14개소)로 압도적으로 많았습니다.

　중국·만주의 경우에는 광산과 제지공장, 석유(만주석유), 항공(만주항공), 자동차(도와同和자동차공업), 전기 화학(만주전기화학공업), 농장(만주척식공사) 등 직종이 매우 다양했습니다. 8개 작업장 가운데 미쓰비시제지(주)와 미쓰비시광업(주)의 직영 작업장 2개 광산(수정, 중석) 등 3개 작업장을 제외한 5개 작업장이 국책회사에 투자한 경우입니다.

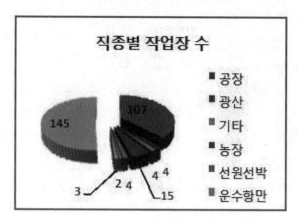

그림 2 미쓰비시 소속 노무동원 작업장 직종별 현황

특히 미쓰비시는 설립 후 일본의 대내외전쟁에서 무기와 병사를 수송하는 수송업으로 사세를 확장할 수 있었는데, 일본지역의 경우에도 닛산(日産)기선(주)·미쓰비시기선·니혼우선(日本郵船)(주)·히노데(日之出)기선(주) 등 4개의 선박회사를 운영하며 제국 일본 영역 전체의 인력과 물자를 실어 나르며 수익을 올렸습니다.

미쓰비시는 얼마나 많은 조선인들을 동원했을까요.

일본 시민활동가 다케우치 야스토(竹内康人)는 아시아태평양전쟁 기간 중 미쓰비시가 일본지역에 동원한 조선인을, 약 10만명[탄광산 6만명·중공업 2만명·지하공장 건설 수만 명 등]으로 추산하고 있습니다.[4] 이 추산에 근거한 '미쓰비시 10만명 설'은 현재 한국과 일본 사회에서 널리 통용되고 있는데 학계에서 사용하기에는 조심스러운 수치입니다. 동원지역이 일본에 한정되어 사할린과 한반도,

4) 竹内康人, 『調査 朝鮮人强制勞動2 – 財閥 鑛山編』, 社會評論社, 2014, 26쪽.

동남아와 태평양에 동원된 조선인은 포함하지 않았고, 일본지역의 직종별 동원수도 구체성이 약하며 일부 자료(명부자료)에 의존하는 등 자료 보완이 필요하기 때문입니다.

현재 다케우치가 추산한 10만명은 명부로 확인하기 어렵습니다. 일본 후생성이 보관한 노무자명부에서 미쓰비시광업 소속 조선인은 고작 10,515명입니다. '10만명 설'에 비해 턱없이 부족한 숫자입니다.

미쓰비시 소속 조선인 명부 수록 인원이 적은 이유는 현재 발굴된 노무자 명부 자체가 일부분이고, 일본지역에 국한되어 있기 때문입니다. 일본지역 139개 작업장 가운데 29개 작업장에 동원된 조선인 명부가 확인되는데, 수록 인원도 일부일 뿐입니다. 한국 정부(위원회)가 일본정부로부터 입수한 '조선인노무자공탁금 자료(일본 법무성 소장 자료)'에서 확인되는 미쓰비시 계열 기업은 총 5개 기업이고, 작업장은 11개소이며, 수록 인원은 5,141명에 불과합니다. [5]

위원회가 피해자로 판정한 일본지역 미쓰비시 노무자수는 5,933명입니다. 위원회가 노무자로 피해신고를 접수받은 157,574건 가운데 120,218건(중복 동원자 포함)이 일본지역 노무자로 피해 판정받았습니다. [6] 그러므로 일본지역 미쓰비시 노무자 5,933명은 위원회 노무자 피해판정자 대비 4.9%에 해당됩니다. 노무동원 피해자 가운데 위원회 신고비율이 2.9%에 그친다는

---

5) 조선인노무자공탁금 문서에 대해서는 정혜경, 「일제말기 조선인노무자 공탁금 자료, 세 가지 – 미시적 분석을 통해 본 공탁금 문제」(『강제동원을 말한다–일제강점기 조선인 피징용 노무자 미수금 문제』, 선인출판사, 2015) 참조.
6) 지역별 미쓰비시동원피해자를 보면, 한반도 지역 342건, 사할린 지역 604건이다.

점을 감안하면, 일본지역 미쓰비시 노무자 4.9%는 높은 비율인 셈입니다. 일시적인 조사 결과이므로 향후 추가조사가 이루어진다면 더 많은 피해자를 확인할 수 있을 것입니다.

■ 한반도 강제동원과 미쓰비시

현재 확인한 284개 미쓰비시 관련 노무작업장 가운데 한반도는 114개소로 일본 지역에 이어 두 번째로 많은 수를 차지하고 있습니다. 그러나 안타깝게도 한반도에 동원된 6,488,467명 가운데 114개의 미쓰비시 관련 노무작업장에 동원된 정확한 숫자는 알 수 없습니다. 위원회 피해조사 결과 가운데 한반도지역 미쓰비시작업장에 동원된 피해자는 겨우 342건입니다. 이 숫자는 위원회가 한반도지역 노무동원피해자로 판정한 14,993건(중복 동원자 포함) 대비 2.28%입니다.

이 같이 한반도 지역 미쓰비시 노무자 피해판정수가 일본지역에 비해 낮은 이유는, 한반도 동원피해자에 대한 사회적 인식이 부족해 피해자들의 신고율이 낮기 때문입니다. 가해자인 일본정부가 공식 발표한 통계만 보더라도 한반도내에 동원된 노무동원 피해자는 650만명에 이르지만, 한국 사회에서는 여전히 '조선 땅을 벗어나야 피해'라는 인식이 강하게 자리하고 있습니다. 그러므로 피해자 스스로도 피해자라는 인식을 드러내기가 쉽지 않고, '과거에 재수 없어서 당했던 대수롭지 않은 일'로 덮어버리기 마련입니다.

미쓰비시가 한반도에 운영했던 작업장의 세부 현황을 살펴보면, 114개의 노무동원 작업장을 운영했던 미쓰비시 관련 기업은 총 18개입니다. 이 가운데 미쓰비시광업개발(주) 등 9개 기업은 직영이고, 기타 9개 기업은 기존 기업에 자본을 투자하거나 합작 형태로 설립한 기업입니다.

미쓰비시 소속 한반도 노무 작업장 운영 실태(합자 포함)

번호	기업명	작업장 수	구분
1	동해(東海)공업㈜	2	직영
2	무산(茂山)철광개발㈜	1	합자
3	미쓰비시(三菱)광업개발㈜	3	직영
4	미쓰비시(三菱)광업㈜	34	직영
5	미쓰비시(三菱)마그네슘공업㈜	2	직영
6	미쓰비시(三菱)전기㈜	1	직영
7	미쓰비시(三菱)제강㈜	2	직영
8	미쓰비시(三菱)화성(化成)㈜	2	직영
9	북선(北鮮)척식철도㈜	1	합자
10	조선광업진흥㈜	19	합자
11	조선마그네사이트개발㈜	2	합자
12	조선무연탄㈜	20	합자
13	조선방직㈜	10	합자
14	조선운모개발판매㈜	11	합자
15	조선중공업㈜	1	합자
16	조선화학공업㈜	1	직영
17	중앙전기㈜	1	직영
18	히로나카중공(弘中重工)㈜	1	합자

직종별 현황을 살펴보면, 114개(66개소는 합자) 관련 작업장 가운데 가장 많은 수를 차지한 직종은 탄광·광산(88개소, 77.19%)입니다. 그 다음으로 군수공장이 22개소를 차지하고 있습니다.

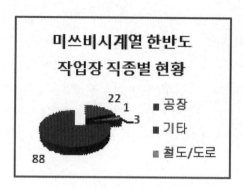

그림 3 미쓰비시계열 한반도 작업장 직종별 현황

도별 작업장 분포를 보면, 평남·함남·함북·황해·강원의 순으로 다수를 차지하고 있습니다. 이들 지역은 탄광·광산이 밀집한 지역입니다.

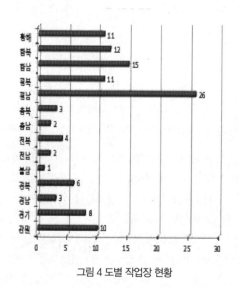

그림 4 도별 작업장 현황

특히 미쓰비시는 한반도의 탄광산에 주목한 것으로 보입니다. 철도·도로 3건도 모두 북선척식철도(주)·원산북항(주)·서선중앙철도의 석탄수송철도입니다. 이를 통해 미쓰비시가 미쓰비시광업(주)과 미쓰비시광업개발(주) 등 직영 기업은 물론, 조선무연탄(주)과 조선광업진흥(주), 조선운모개발판매(주) 등 국책 기업에 자본을 투자해 한반도 주요 탄광산지대를 점유했음을 알 수 있습니다.

■ 미쓰비시 강제동원, 아픈 경험, 지독한 이별

강제동원된 조선인들에게 미쓰비시는 쓰라린 경험과 이산의 아픔을 남긴 기업 가운데 하나였습니다. 가장 대표적인 작업장은 '지옥섬'이라 불리는 나가사키의 섬 하시마(端島)입니다. '지옥섬'은 일본인 탄부들이 붙인 이름이었습니다. 일본 사회에서도 악명 높은 곳이었기 때문입니다.

하시마탄광은 한 사람이 간신히 들어갈 정도의 작은 갱구를 기어 들어가 하루 12시간 이상 누운 채 탄을 캐는 고통스러운 해저탄광이었습니다. 600~1000m까지 바다 속으로 내려가야 할 정도의 깊은 막장에는 늘 물이 질퍽거렸습니다.

구술자 : 삼천 팔백 자를 내려가요. 맛스구(眞っ直ぐ:똑바로) 삼천 팔배 자를 들어가. 그러면 여 방 보담 몇 개나 되는 계기(기계)가 있어요. 하나는 숯(석탄)을 올리고. 하나는 사람을 백 명이고 이백 명이고 딱 실으면, 타믄 굴 속으로 들어가요. 삼천 팔백 자를 들어가서 차가 숯을 막 끄집어 올려요. (중략) 아, 삼천 팔백 자를 들어갔으니 갱물이 사방에서 안 떨어지요? 떨어져 막. 사방에서 떨어져. 그런 물을 받아내면 요거, 이도 안가요. 우리 큰물 요거.

면담자 : 턱도 안돼요? 그 정도로.

　　구술자 : 요렇게 달아 올려서 고바위로 내려 떨어진 물이 한 대
물만해요.

　　면담자 : 아, 갱 외로 인제 물을 퍼 나르는 거네요?

　　구술자 : 요렇게 빼내지. 사~방에서. 사방에서. 그런 데를 가가
고생을 하는디. - 대일항쟁기 강제동원 피해조사 및 국외강제동
원희생자 등 지원위원회, 박 구의 구술자료(2006년 3월 3일, 면
담자 : 허광무)[7]

　　고통은 막장에서 끝나지 않았습니다. 해저 막장에서 하루 종
일 바닷물에 찌든 몸은 영양실조와 빈번한 가스폭발사고, 폭력으
로 지탱하기 조차 힘들었다. 하시마탄광에서 폭력은 일상이었습
니다.

　　"일본인 감독들은 식민지 조선인들을 진짜 돼지처럼 취급했
다. 식사는 나날이 형편없어지는 데다 혹독한 구타가 예사였다. 하
루는 아이들과 함께 학교에 가고 있는데 합숙소에서 사람 비명소
리가 들려왔다. 호기심으로 창문에 매달려 들여다보니 웃통이 발
가벗겨진 조선인 셋이 무릎을 꿇고 앉아 있는 가운데 일본인 감
독이 가죽혁대로 등짝을 사정없이 후려치고 있었다. 조선인들은
울부짖기만 할 뿐 저항할 엄두도 못하는 채 등판이 부풀어 오르
고 피가 줄줄 흐르도록 고스란히 모진 매를 감수하고 있었다. 끔
찍하고 무서운 광경이었다. 나중에 사택에 놀러온 광부들을 통
해, 몸이 아파 일을 나가지 못했다는 이유로 매를 맞았다는 사실
을 알게 되었다.[8]

　　아버지를 따라 하시마섬에 살던 국민학교 2학년 소년 구연철이

7) 윤지현, 『파도가 지키는 감옥섬』, 선인출판사, 2013, 30쪽.
8) 안재성, 『신불산 - 빨치산 구연철 생애사』, 산지니, 2011, 54~55쪽[전자책].

술회하는 하시마탄광의 조선인 모습입니다.

힘겨운 노동과 폭력을 피해 바다로 뛰어들어 탈출을 기도한 조선인은 거친 풍랑에 익사하거나 간신히 바다를 건넌다 해도 다카시마땅을 밟는 순간 무서운 폭력에 목숨을 잃는 곳이었습니다. 끔찍한 지옥섬 하시마탄광의 주인은 바로 미쓰비시광업(주)이었습니다.

미쓰비시는 1890년 9월 11일 하시마섬을 사들여 탄광개발에 착수한 후 1974년 1월 폐광할 때 까지 운영하다가 2001년 다카시마(高島)정에 무상 양도했기 때문입니다. 그 후 하시마섬은 2005년 나가사키시 소유로 전환되었습니다. [9]

미쓰비시는 일본 패전 후 조선인을 멀고 먼 사할린 땅에 놔둔 채 돌아가 버린 무책임한 기업이기도 했습니다. 사할린에 동원된 3만 명이 넘는 조선인들은 1945년 조국이 해방되었지만 돌아오지 못하고 억류되었습니다. 이들 가운데에는 미쓰비시가 만든 탄광회사에 동원된 조선인도 포함되어 있었습니다. 갑자기 동토의 땅에 남겨진 한인들은 고향에 돌아가기 위해 무진 애를 썼고, 절망과 향수병으로 1970년대에 많은 이들이 세상을 버린 후에도 기다림은 계속되었습니다. 그러나 이들 앞에 놓인 것은 건널 수 없는 바다뿐이었습니다. 지리한 기다림에 대한 반응은 1990년대초에 나타나기 시작해 1992년부터 고국행 문이 열렸습니다. 그나마 극히 일부에게만 허용된 문은 지금도 다 열리지 않는 반쪽짜리 문입니다.

미쓰비시의 무책임은 사할린에 그치지 않았습니다. '반도응징

---

9) 국무총리 소속 대일항쟁기 강제동원피해조사 및 국외강제동원희생자 등 지원위원회, 『사망기록을 통해 본 하시마탄광 강제동원 조선인 사망피해실태 기초조사』, 2012, 9쪽, 14쪽.

사'라는 이름으로 미쓰비시중공업 히로시마 조선소 및 기계제작소에 동원된 조선인 241명과 가족 5명은 해방을 맞아 1945년 9월 17일 오전 10시경 규슈(九州) 도바타(戸畑)항을 출발했으나 흔적도 없이 사라졌습니다. 마쿠라자키(枕岐) 태풍을 만나 조난당해 승선원 전원이 실종되었기 때문입니다. 이들의 사체는 쓰시마(對馬島), 이키(壹岐)섬 등 여러 곳으로 표착(漂着)된 것으로 보입니다.[10)

   "그 미쓰보시 회사에 있을 적에 있던 사람들이 다들 각자로 헤어지고서 나머지 있던 사람, 한 이백여 명이 미쓰보시 회사에서 보내줄 돈을 바라고 기대하고 있었던 사람도 있었어요. …미쓰보시 회사는 본 체도 안했거든. 본 체도 안하고 그냥 내버려 두니까 … 그러니까 노장수 하고 노상돈 아우하고 둘이 서둘러서 … 아이구 그게 무슨 항구라고 하던가. 조그만 항구가 있었는데 거기서 배를 탔대요. 근데 그 배를 타고서 올 시기가 어떤 시기냐 하면은, 내가 배를 타고 나오면서 그 바람에 폭풍에 밀려갈 동안 그 시기에 탔더라고, 그 사람들도 … [11)

   이들이 고향에 돌아가지 못한 이유는 무엇이었을까요. 미쓰비시와 일본 정부의 무책임한 처사 때문입니다. 그 결과 246명의 귀한 생명은 바다로 사라졌습니다.

   실종된 이들은 국민징용령에 의해 징용장을 받고 고향을 등져야 했던 이들입니다. 국민징용령과 노무원호제도에 의하면, 이들의 동원에서 귀환까지 피징용자의 신변에 대한 모든 책임은 일본

---

10) 일제강점하 강제동원피해 진상규명위원회, 『해방 직후 이끼 대마도지역의 귀국 조선인 해난사고 및 희생자 유골문제 진상조사』, 2009, 100쪽.
11) 일제강점하 강제동원피해 진상규명위원회, 『강제동원진상조사구술자료집 – 내몸에 새겨진 8월』, 2008, 65~66쪽.

정부가 지도록 되어 있습니다. 그러나 당시 생존자 구술에 의하면 일본은 전쟁 패전 이후 자신들이 징용한 한인에 대해 무책임으로 일관했습니다. 1945년 9월 1일자로 일본정부가 내려 보낸 통달에는, '조선인 이입노동자에 대해 부산까지 반드시 이입노동자의 사업주측이 인솔자의 인솔 아래 귀환을 실시하도록' 규정되어 있습니다. 이 통달에 의하면, 일본 기업은 일본인 책임자의 인솔 아래 한인을 귀국시켜야 했습니다. 그러나 대부분의 회사는 일본인이 아닌 한인을 인솔 책임자로 하여 귀국시키곤 했습니다. 패전의 혼란 상황에서 부산에 가면 살아 돌아오지 못한다는 소문이 돌았기 때문이라는 변명도 있습니다. 그러나 억지스럽기 그지없습니다. 일본정부의 규정도 지키지 않은 미쓰비시가 책임을 면하려는 핑계거리에 불과한 구차한 변명일 뿐입니다.

그뿐 아닙니다. 미쓰비시는 국제노동기구에서 금지하는 미성년자에 대한 강제노동을 자행한 기업이기도 했습니다. 300명의 어린 소녀들을 동원해 비행기 부품을 만들게 했던 기업에는 미쓰비시중공업도 포함되어 있었습니다. 미쓰비시중공업(주) 나고야(名古屋)항공기제작소 도토쿠(道德)공장과 오에(大江)공장에 동원된 조선인 300명은 '조선여자근로정신대'라는 이름으로 동원된 13~14세 정도의 앳된 소녀였습니다. 이들을 공장으로 끌어낸 것은 학교와 교사였습니다. 어린 제자를 보호해야할 교사들이 오히려 '공부시켜준다'는 꼬임으로 어린 소녀들을 강제동원 현장으로 끌어낸 것입니다.

"우리 언니가 남국민학교 선생 했어요. (중략) 담임선생이 오라 그런다고, 어느 학생이 연락을 해서 학교에 갔어요. 갔더니 교장하고 군인하고 장교 둘이 앉아서, '일본 가면은 공장에서 일 잘하면은 월급도 주고 공부도 시켜준다' 하니까. 우리는 밤에 야간으로 공부시켜줄 줄 알았어요. 그리고 여학교 졸업장도 주고 그런다고 해서 좋다고 갔지요. (중략) 교장이 '느그 언니가 이 학교 선생인데 네가 앞서서 가야지, 안 가면 안 된다'. 그래서 언니한테 말도 못하고 따라간 거죠. 언니가 어떤 불이익을 당하면 안 되죠. 그래서 그냥 갈란다고 그랬어요.[박해옥, 1930년생, 순천남국민학교 졸업, 1944년 5월에 동원][12]

　"이제 일본서 이렇게 왔다. 이렇게 공부시켜 준다. 막 이렇게 좋은 말만 하니까.
　군인, 중위, 혼자 왔어. 그 사람 얼굴도 안 잊어버려. 그 사람 지금도 생생해. '나고야 가면은 나고야 메이코조(名高女, 명문 여고라는 의미)가 있으니까. 메이코조라고 나고야고등여학교. 2년 동안에 졸업시키고 다 거기서 수료해준다'고. 그래서 가고.
　공장에서 일하는 줄은 꿈에도 몰랐지. 그 때는 하여튼 공부시켜준다[양승자(가명), 1930년생 목포서부국민학교 졸업, 1944년 동원][13]

　어린 소녀들은 명문여학교에서 공부하게 해준다거나 가족을 들먹이는 상황에서 거부할 힘이 없었습니다. 이렇게 떠난 미쓰비시 공장은 허허벌판에 학교라고는 그림자도 찾을 수 없는 곳이었습니다. 더구나 나고야 미쓰비시중공업에 동원된 소녀들은 1944년 12월 7일 발생한 지진으로 6명이 사망하기도 했습니다.

12) 일제강점하강제동원피해진상규명위원회, 『강제동원진상조사구술자료집 – 조선여자근로정신대, 그 경험과 기억』, 2008, 142쪽.
13) 일제강점하강제동원피해진상규명위원회, 『강제동원진상조사구술자료집 – 조선여자근로정신대, 그 경험과 기억』, 2008, 206쪽.

그림 5 아직도 건재한 도토쿠공장의 모습(2014.4.7. 안해룡 감독 페이스북 탑재 사진)

어린 소녀들이 낯선 일본 땅, 미쓰비시중공업 나고야항공기제 작소에서 만든 비행기 부품 가운데에는 '제로센(零戰)'도 있었습니 다. 미쓰비시는 아시아태평양전쟁 말기 일본 주력 전투기이자 자 살특공대를 태운 비행기로 알려진 제로센의 제작사였기 때문입니 다. 결국 제로센은 어린 조선 소녀들의 눈물과 땀으로 만든 폭격 기였던 셈입니다.

제로센의 제로는 영을 말하고 센은 전투기의 일본어인 센토기의 센으로 제로센으로 불리게 되었습니다. 제로센은 '미쓰비시 A6M 영식(零式)함상전투기'(Mitsubishi A6M Zero)이라는 정식 명 칭에서 미쓰비시가 제조한 전투기임을 알 수 있습니다. 제로센은 조종석과 연료탱크에 방탄(防彈) 갑판을 떼어내 무게를 줄여 기동 력과 항속거리를 늘렸는데 아시아태평양전쟁 당시 일본 주력 전투 기로 사용되다가, 전쟁 후반에는 기체를 상대군 전투함에 자폭시키는 자살공격용으로 활용되었습니다. 제2차대전사에서 제로센은 일본군국주의의 상징이자 '가미카제(神風)'라는 무모하고 극단적인 방법으로 일본 청년들을 자살특공대로 몰아넣은 전투기로 평가받았습니다.[14)]

한반도에서는 일본 미쓰비시중공업에 동원된 어린 소녀들보다 더 어린이들이 방직공장에서 혹사당했습니다. 미쓰비시가 2개 기업과 같이 합자해 설립한 조선방직은 어린 조선 소녀들의 희생으로 기계가 돌아간 작업장이었습니다. 경기, 강원, 경남북, 황해, 평남북도에 10개 공장에서 어린 소녀들이 하루 12시간 이상 일했습니다.

위원회에 피해신고를 거쳐 피해자로 확정된 조선방직 피해자 18명의 동원 당시 평균 연령은 12.4세였습니다. 사망한 전*연의 사망 당시 나이는 겨우 11세였습니다. 1944년 8월, 고향인 충남 태안을 떠나 10살 어린 나이에 조선방직 부산공장에 동원된 전*연이 왜 목숨을 잃었는지는 알 수 없습니다. 제적부에 '범일정 700번지 조선방직 기숙사에서 사망'했다는 기록만 남아 있을 뿐입니다.

목숨은 건졌으나 공장 사고로 평생 불구가 된 소녀 2명의 동원 당시 나이도 각각 12세와 13세였습니다. 12세에 동원된 유*순은 직조

14) 아시아태평양전쟁 말기 일본의 자살특공대는 가미카제[神風, 몽골 침략 당시 태풍으로 몽골 함선이 난파된 것을 신의 바람이라 선전]로 잘 알려져 있는데, 일본에서는 '가미카제'보다 '신푸'라는 발음으로 더 많이 불렸다. 가미카제는 구명 장치가 없는 장비를 이용한 자살특별공격대이다. 해군 제1항공함대 사령관인 오니시 다키지로(大西瀧治郞) 중장이 자살특별공격대를 창안했다고 알려져 있지만, 실제로는 군사령 작전과에서 결정하여 명칭까지 붙인 후 오니시에게 전달했다. 오니시는 이후 '일본 항공부대의 아버지'로 불린다. 물론 자살 특공 작전은 가미카제에만 있었던 것은 아니다. 신요(震洋), 마루레(マルレ), 가이텐(回天) 등 다양한 형태가 있었다. 인간어뢰나 잠수어뢰라고도 했다. 어뢰를 실은 배를 타고 적함에 돌격하거나, 모터보트에 폭탄을 고정해서 돌진하거나, 로켓을 분사하는 식으로 사람을 폭탄과 묶어서 쏘는 등등이다. 그러나 일반적으로 일본의 자살특공대라고 하면 가미카제를 떠올릴 만큼 대표적인 자살특공대이다. 허광무 외, 『일제강제동원 Q&A(1)』, 선인출판사, 2015, 94쪽.

기계에 찔려 오른쪽 눈이 실명되었고, 13세에 동원되었던 구*악은 기계에 손가락이 2개 절단된 채 힘겨운 삶을 이어가야 했습니다.

미쓰비시의 미성년 아동 착취는 소녀에 그치지 않았습니다. 소년들도 피할 수 없었습니다. 전남 영암 출신의 문**은 13살 어린 나이에 고향을 떠나 멀리 평안남도 순천의 신창탄갱(미쓰비시가 4개 회사와 함께 설립한 조선무연탄 소속)에 동원되었는데, 2년 만에 막장에서 사고사를 당해 생을 마감했습니다. 겨우 15세에 목숨을 잃은 탄부는 곡괭이 자루를 잡는 것도 버거워할 정도의 소년이었습니다.

이와 같이 미쓰비시는 10대 초반 어린 소녀와 소년들의 작은 손으로 탄을 캐고 광목을 짜도록 했으며, 폭격기 부품을 만들게 했습니다. 한반도와 일본, 사할린과 동남아시아의 작업장에서 조선인들을 부리고, 그렇게 해서 얻은 이득은 계열사를 늘리고 기업을 살찌우는데 사용했습니다. 피해자의 아픔은 돌아보지 않았습니다.

미쓰비시 관련 작업장 목록[15] (동원지역별 순서)

번호	동원지역(당시 지명)				직종	작업장 이름	기업명	자본계열	명부/공탁 기록
	지역1	지역2	지역3	역4					
1	남사할린	도요하라 (豊原)	榮濱郡白縫村/豊榮郡白縫村	브즈모리예	탄광산	시라우라 (白浦)탄광	미나미가라후토탄광철도 (南樺太炭鑛鉄道)㈜	미쓰비시 (三菱)계	없음
2	남사할린	마오카 (眞岡)	本斗郡內幌村	고르노자봇스크	탄광산	나이호로 (內幌)탄광	미나미가라후토탄광철도 (南樺太炭鑛鉄道)㈜	미쓰비시 (三菱)계	없음
3	남사할린	에스토르 (惠須取)	名好郡名好村	텔놉스키	탄광산	기타고자와(北小澤)탄광	미나미가라후토탄광철도 (南樺太炭鑛鉄道)㈜	미쓰비시 (三菱)계	없음
4	남사할린	에스토르 (惠須取)	名好郡惠須取町	삭쵸르스크	탄광산	도로 (塔路)탄광	미나미가라후토탄광철도 (南樺太炭鑛鉄道)㈜	미쓰비시 (三菱)계	없음
5	남양군도	동캐롤라인	포나페島	생략	기타	포나페사업소	난요(南洋)척식 (拓殖)㈜	미쓰비시 외 3개 기업, 기관 합자	없음
6	남양군도	동캐롤라인	포나페島	생략	농장	포나페사업소 농장	난요(南洋)척식 (拓殖)㈜	미쓰비시 외 3개 기업, 기관 합자	없음
7	남양군도	동캐롤라인	포나페島	생략	농장	포나페사업소 제2농장	난요(南洋)척식 (拓殖)㈜	미쓰비시 외 3개 기업, 기관 합자	없음
8	남양군도	동캐롤라인	포나페島	생략	농장	포나페사업소 제4농장	난요(南洋)척식 (拓殖)㈜	미쓰비시 외 3개 기업, 기관 합자	없음
9	남양군도	서캐롤라인	얍도	생략	기타	얍(Yap)사업소	난요(南洋)척식 (拓殖)㈜	미쓰비시 외 3개 기업, 기관 합자	없음
10	남양군도	서캐롤라인	파이스도	생략	광산	파이스 (Fais)광업소	난요(南洋)척식 (拓殖)㈜	미쓰비시 외 3개 기업, 기관 합자	없음
11	남양군도	트럭제도	夏島	생략	기타	Truk사업소	난요(南洋)척식 (拓殖)㈜	미쓰비시 외 3개 기업, 기관 합자	없음
12	남양군도	트럭제도	冬島	생략	농장	Truk사업소 농장	난요(南洋)척식 (拓殖)㈜	미쓰비시 외 3개 기업, 기관 합자	없음
13	남양군도	트럭제도	水曜島	생략	농장	Truk사업소 水曜島농장	난요(南洋)척식 (拓殖)㈜	미쓰비시 외 3개 기업, 기관 합자	없음
14	남양군도	트럭제도	春島	생략	농장	Truk사업소 春島제1농장	난요(南洋)척식 (拓殖)㈜	미쓰비시 외 3개 기업, 기관 합자	없음

15) ■ : 식별 불가능한 글자

15	남양군도	트럭제도	春島	생략	농장	Truk사업소 春島 제2농장	난요(南洋)척식 (拓殖)㈜	미쓰비시 외 3개 기업, 기관 합자	없음
16	남양군도	트럭제도	夏島	생략	농장	Truk 사업소 夏島농장	난요(南洋)척식 (拓殖)㈜	미쓰비시 외 3개 기업, 기관 합자	없음
17	남양군도	팔라우 제도	팔라우본도	생략	농장	가루미스칸 (ガルミスカン /Ngermes kang)농장	난요(南洋)척식 (拓殖)㈜	미쓰비시 외 3개 기업, 기관 합자	없음
18	남양군도	팔라우 제도	팔라우본도	생략	농장	가스판(ガ スバン/ Ngatpang) 농장	난요(南洋)척식 (拓殖)㈜	미쓰비시 외 3개 기업, 기관 합자	없음
19	남양군도	팔라우 제도	팔라우본도	생략	농장	농장	난요(南洋)척식 (拓殖)㈜	미쓰비시 외 3개 기업, 기관 합자	없음
20	남양군도	팔라우 제도	팔라우본도	생략	농장	아이라이 (Airai) 농장	난요(南洋)척식 (拓殖)㈜	미쓰비시 외 3개 기업, 기관 합자	없음
21	남양군도	팔라우 제도	앙가우르도	생략	광산	앙가우르 (Angaur) 광업소	난요(南洋)척식 (拓殖)㈜	미쓰비시 외 3개 기업, 기관 합자	없음
22	말레이 시아	북보르 네오	사바 (Sabah)주	생략	농장	도잔 (東山) 농사㈜	도잔(東山)농사 (農事)㈜	미쓰비시 관 계 이와사키 가문 자본	없음
23	인도 네시아	수마 트라	팔렘방 (Palem bang)	생략	농장	도잔 (東山) 농사㈜	도잔(東山)농사 (農事)㈜	미쓰비시 관 계 이와사키 가문 자본	없음
24	일본	가가와(香 川)현	香川郡	생략	공장	나오시마 (直島) 정련소	미쓰비시(三菱) 광업㈜	미쓰비시 (三菱)	있음
25	일본	가나가와 (神奈川) 현	鎌倉郡	생략	공장	오후나 (大船) 공장	미쓰비시(三菱) 전기㈜	미쓰비시 (三菱)	없음
26	일본	가나가와 (神奈川) 현	川崎市	생략	공장	가와사키 (川崎)기 기(機器) 공장	미쓰비시(三菱) 중공업㈜	미쓰비시 (三菱)	없음
27	일본	가나가와 (神奈川) 현	川崎市	생략	공장	가와사키 (川崎) 제유소	미쓰비시(三菱) 석유㈜	미쓰비시 (三菱)	없음
28	일본	가나가와 (神奈川) 현	橫浜市	생략	운수항 만	미쓰비시 (三菱) 창고㈜	미쓰비시(三菱) 창고㈜	미쓰비시 (三菱)	없음
29	일본	가나가와 (神奈川) 현	橫浜市	생략	공장	쓰루미 (鶴見) 공장	아사히가라스(旭 硝子)㈜ (ASAHI GLASS CO., LTD.)	미쓰비시 (三菱)	없음
30	일본	가나가와 (神奈川) 현	橫浜市	생략	공장	요코하마 (橫浜) 공장	닛토(日東)화학 공업㈜	미쓰비시 (三菱)	없음

31	일본	가나가와 (神奈川) 현	横浜市	생략	공장	요코하마 (横浜)제 조소	미쓰비시(三菱) 중공업㈜	미쓰비시 (三菱)	없음
32	일본	가나가와 (神奈川) 현	横浜市	中區	공장	요코하마 (横浜) 조선	미쓰비시(三菱) 중공업㈜	미쓰비시 (三菱)	없음
33	일본	가나가와 (神奈川) 현	横浜市	西區	공장	요코하마 (横浜) 조선소	미쓰비시(三菱) 중공업㈜	미쓰비시 (三菱)	있음
34	일본	교토부 (京都府)	京都市	생략	공장	교토(京都) 발동기 제작소	미쓰비시(三菱) 중공업㈜	미쓰비시 (三菱)	없음
35	일본	교토부 (京都府)	京都市	생략	공장	교토(京都) 발동기 제작소	미쓰비시(三菱) 중공업㈜	미쓰비시 (三菱)	없음
36	일본	구마모토 (熊本)현	생략	생략	공장	구마모토 (熊本) 공장	니혼(日本) 합성화학㈜	미쓰비시 (三菱)	없음
37	일본	구마모토 (熊本)현	熊本市	생략	공장	구마모토 (熊本)항 공기 제작소	미쓰비시(三菱) 중공업㈜	미쓰비시 (三菱)	없음
38	일본	나가사키 (長崎)현	西彼杵郡	생략	탄광산	다카시마 (高島) 탄광	미쓰비시(三菱) 광업㈜	미쓰비시 (三菱)	없음
39	일본	나가사키 (長崎)현	西彼杵郡	생략	탄광산	사키토 (崎戸) 탄광	미쓰비시(三菱) 광업㈜	미쓰비시 (三菱)	있음
40	일본	나가사키 (長崎)현	西彼杵郡	생략	탄광산	하시마 (端島) 탄광	미쓰비시(三菱) 광업㈜	미쓰비시 (三菱)	없음
41	일본	나가사키 (長崎)현	長崎市	생략	공장	나가사키(長崎)병기 제작소(兵 器製作所) 오하시(大 橋)공장	미쓰비시(三菱) 중공업㈜	미쓰비시 (三菱)	없음
42	일본	나가사키 (長崎)현	長崎市	생략	공장	나가사키(長崎)병기 제작소(兵 器製作所) 오하시(大 橋)공장	미쓰비시(三菱)중 공업㈜	미쓰비시 (三菱)	없음
43	일본	나가사키 (長崎)현	長崎市	생략	공장	나가사키 (長崎) 제강소	미쓰비시(三菱) 제강㈜	미쓰비시 (三菱)	있음
44	일본	나가사키 (長崎)현	長崎市	생략	공장	나가사키 (長崎) 제작소	미쓰비시(三菱) 전기㈜	미쓰비시 (三菱)	없음

45	일본	나가사키 (長崎)현	長崎市	생략	공장	나가사키 (長崎) 조선소	미쓰비시(三菱) 중공업㈜	미쓰비시 (三菱)	없음
46	일본	나가사키 (長崎)현	長崎市	생략	공장	나가사키 (長崎)조 선소 이나 사(稻佐) 제재소	미쓰비시(三菱) 중공업㈜	미쓰비시 (三菱)	없음
47	일본	니가타 (新潟)현	佐渡郡	생략	탄광산	사도 (佐渡) 광산	미쓰비시(三菱) 광업㈜	미쓰비시 (三菱)	없음
48	일본	도야마 (富山)현	東礪波郡	생략	공장	이나미 (井波)소 개(疏開) 공장	미쓰비시(三菱)중 공업㈜	미쓰비시 (三菱)	없음
49	일본	도야마 (富山)현	東礪波郡	생략	공장	후쿠노 (福野) 소개 (疏開)공장	미쓰비시(三菱) 중공업㈜	미쓰비시 (三菱)	없음
50	일본	도야마 (富山)현	射水郡	생략	공장	다이몬 (大門) 소개(疏開) 공장	미쓰비시(三菱) 중공업㈜	미쓰비시 (三菱)	없음
51	일본	도쿄도 (東京都)	江東區	생략	공장	후카가와(深川) 제작소	미쓰비시(三菱) 제강㈜	미쓰비시 (三菱)	없음
52	일본	도쿄도 (東京都)	大田區	생략	공장	도쿄(東京) 기기 (機器)	미쓰비시(三菱) 중공업㈜	미쓰비시 (三菱)	없음
53	일본	도쿄도 (東京都)	城東區	생략	공장	도쿄(東京) 발조(發條) 공장 제1공장	미쓰비시(三菱) 제강㈜	미쓰비시 (三菱)	없음
54	일본	도쿄도 (東京都)	城東區	생략	공장	도쿄 (東京) 제작소	미쓰비시(三菱) 제강㈜	미쓰비시 (三菱)	없음
55	일본	도쿄도 (東京都)	世田ケ谷區	생략	공장	세타가야 (世田谷) 공장	미쓰비시(三菱) 전기㈜	미쓰비시 (三菱)	없음
56	일본	도쿄도 (東京都)	蒲田區	생략	공장	도쿄(東京) 기기(機器) 제작소) 마루코 (丸子)공장	미쓰비시(三菱) 중공업㈜	미쓰비시 (三菱)	없음
57	일본	도쿄도 (東京都)	品川區	생략	공장	오이 (大井)공장	미쓰비시(三菱) 중공업㈜	미쓰비시 (三菱)	없음
58	일본	도쿄도 (東京都)	荒川區	생략	공장	도쿄 (東京) 제작소	니혼(日本)건철공업 (建鐵工業)㈜	미쓰비시 (三菱)	없음

59	일본	미야기(宮崎)현	東臼杵郡	末 497	탄광산	마키미네(槇峰)광산	미쓰비시(三菱)광업㈜	미쓰비시(三菱)	없음
60	일본	미야기(宮崎)현	東臼杵郡	마키미네(槇峰)	탄광산	마키미네(槇峰)광산	미쓰비시(三菱)광업㈜	미쓰비시(三菱)	없음
61	일본	미야기(宮崎)현	東臼杵郡	생략	탄광산	히비라(日平)광산	미쓰비시(三菱)광업㈜	미쓰비시(三菱)	없음
62	일본	미야기(宮崎)현	栗原郡	생략	탄광산	호소쿠라(細倉)광산	미쓰비시(三菱)광업㈜	미쓰비시(三菱)	있음
63	일본	사가(佐賀)현	多久市	생략	탄광산	고가야마(古賀山)탄광	미쓰비시(三菱)광업㈜	미쓰비시(三菱)	없음
64	일본	사가(佐賀)현	多久市	생략	탄광산	유노키바루(柚木原)탄광	미쓰비시(三菱)광업㈜	미쓰비시(三菱)	없음
65	일본	선박회사(東京都)	東京市	생략	선원선박	닛산(日産)기선(汽船)㈜	닛산(日産)기선(汽船)㈜	미쓰비시(三菱)	있음
66	일본	선박회사(東京都)	東京市	생략	선원선박	니혼(日本)우선(郵船)㈜	니혼(日本)우선(郵船)㈜	미쓰비시(三菱)계: 日本郵船㈜	있음
67	일본	선박회사(東京都)	東京市	생략	선원선박	미쓰비시(三菱)기선	미쓰비시(三菱)기선	미쓰비시(三菱)계: 日本郵船㈜	있음
68	일본	선박회사(東京都)	東京市	생략	선원선박	히노데(日之出)기선(汽船)㈜	히노데(日之出)기선(汽船)	미쓰비시(三菱)계: 日之出郵船→日本郵船㈜	있음
69	일본	시즈오카(靜岡)현	田方郡	생략	탄광산	도이(土肥)광산	미쓰비시(三菱)광업㈜	미쓰비시(三菱)	있음
70	일본	시즈오카(靜岡)현	賀茂郡	생략	탄광산	나와지(繩地)광산	미쓰비시(三菱)광업㈜	미쓰비시(三菱)	없음
71	일본	시즈오카(靜岡)현	賀茂郡	생략	탄광산	우구스(宇久須)광산	아사히가라스(旭硝子)㈜ (ASAHI GLASS CO., LTD.)	미쓰비시(三菱)	있음
72	일본	아오모리(青森)현	上北郡	생략	탄광산	덴마바야시(天間林)광산	미쓰비시(三菱)광업㈜	미쓰비시(三菱)	없음
73	일본	아오모리(青森)현	中津輕郡	생략	탄광산	옷푸(尾太)광산	미쓰비시(三菱)광업㈜	미쓰비시(三菱)	없음
74	일본	아오모리(青森)현	八戶市	생략	공장	하치노헤(八戶)조선소	닛토(日東)화학공업㈜	미쓰비시(三菱)	없음
75	일본	아이치(愛知)현	생략	생략	공장	나고야(名古屋)제작소	미쓰비시(三菱)전기㈜	미쓰비시(三菱)	없음

76	일본	아이치(愛知)현	생략	생략	공장	나고야(名古屋)제작소 금속공장	미쓰비시(三菱)전기㈜	미쓰비시(三菱)	없음
77	일본	아이치(愛知)현	생략	생략	공장	다케모토(竹本)제유소	미쓰비시(三菱)중공업㈜	미쓰비시(三菱)	없음
78	일본	아이치(愛知)현	名古屋市	생략	공장	나고야(名古屋)금속이와쓰키(岩塚)공장	미쓰비시(三菱)중공업㈜	미쓰비시(三菱)	없음
79	일본	아이치(愛知)현	名古屋市	생략	공장	나고야(名古屋)발동기제작소	미쓰비시(三菱)중공업㈜	미쓰비시(三菱)	없음
80	일본	아이치(愛知)현	名古屋市	생략	공장	나고야(名古屋)제작소	미쓰비시(三菱)■■㈜	미쓰비시(三菱)	없음
81	일본	아이치(愛知)현	名古屋市	생략	공장	나고야(名古屋)제작소	미쓰비시(三菱)공작기계㈜	미쓰비시(三菱)	없음
82	일본	아이치(愛知)현	名古屋市	생략	공장	나고야(名古屋)항공기 도도쿠(道德)공장	미쓰비시(三菱)중공업㈜	미쓰비시(三菱)	없음
83	일본	아이치(愛知)현	名古屋市	생략	공장	나고야(名古屋)항공기 오에(大江)공장	미쓰비시(三菱)중공업㈜	미쓰비시(三菱)	없음
84	일본	아이치(愛知)현	名古屋市	생략	공장	나고야(名古屋)항공기제작소	미쓰비시(三菱)중공업㈜	미쓰비시(三菱)	없음
85	일본	아이치(愛知)현	名古屋市	생략	공장	미쓰비시(三菱)중공업㈜	미쓰비시(三菱)중공업㈜	미쓰비시(三菱)	없음
86	일본	아이치(愛知)현	名古屋市	생략	공장	항공기정리사무소	미쓰비시(三菱)광업㈜	미쓰비시(三菱)	없음
87	일본	아이치(愛知)현	西春日井郡	생략	공장	니시비와지마(西枇杷島)분실	미쓰비시(三菱)중공업㈜	미쓰비시(三菱)	없음
88	일본	아이치(愛知)현	西春日井郡	생략	공장	다이코(大幸)출장소	미쓰비시(三菱)중공업㈜	미쓰비시(三菱)	있음

89	일본	아이치 (愛知)현	西春日井郡	생략	공장	항공기정 리사무소	미쓰비시(三菱) 중공업㈜	미쓰비시 (三菱)	없음
90	일본	아이치 (愛知)현	知多郡	생략	공장	치타(知 多)공장	미쓰비시(三菱) 중공업㈜	미쓰비시 (三菱)	없음
91	일본	아키타 (秋田)현	鹿角郡	생략	탄광산	고마키 (小眞木) 광산	미쓰비시(三菱) 광업㈜	미쓰비시 (三菱)	있음
92	일본	아키타 (秋田)현	鹿角郡	생략	탄광산	후루토베 (古遠部) 광산	미쓰비시(三菱) 광업㈜	미쓰비시 (三菱)	없음
93	일본	아키타 (秋田)현	大仙市	생략	탄광산	기사모리 (龜山盛) 광산	미쓰비시(三菱) 광업㈜	미쓰비시 (三菱)	없음
94	일본	아키타 (秋田)현	鹿角市	생략	탄광산	오사리자 와(尾去 澤)광산	미쓰비시(三菱) 광업㈜	미쓰비시 (三菱)	있음
95	일본	아키타 (秋田)현	北秋田郡	생략	탄광산	오쿠조 (大葛) 광산	미쓰비시(三菱) 광업㈜	미쓰비시 (三菱)	없음
96	일본	아키타 (秋田)현	仙北郡	생략	탄광산	히사이치 (日三市) 광산	미쓰비시(三菱) 광업㈜	미쓰비시 (三菱)	없음
97	일본	야마가타 (山形)현	米沢市	생략	탄광산	야타니 (八谷) 광산	미쓰비시(三菱) 광업㈜	미쓰비시 (三菱)	없음
98	일본	야마가타 (山形)현	鶴岡市(加 茂町)	생략	탄광산	아부라 토(油戸) 탄광	미쓰비시(三菱) 광업㈜	미쓰비시 (三菱)	없음
99	일본	야마구치 (山口)현	宇部市	생략	공장	우베(宇 部)시 멘트	우베(宇部)시멘트 제조㈜/우베(宇部) 흥산(興産)㈜	미쓰비시 (三菱)	없음
100	일본	야마구치 (山口)현	下關市	생략	공장	시모노세 키(下關) 조선소	미쓰비시(三菱) 중공업㈜	미쓰비시 (三菱)	없음
101	일본	야마구치 (山口)현	下關市	생략	공장	히코시 마(彦島) 조선	미쓰비시(三菱) 중공업㈜	미쓰비시 (三菱)	없음
102	일본	야마나시 (山梨)현	南都留郡	생략	탄광산	다카라 (寶)광산	미쓰비시(三菱) 광업㈜	미쓰비시 (三菱)	없음
103	일본	오사카부 (大阪府)	堺市	생략	공장	산포(三 寶)신동 (伸銅)	산포(三寶)신동 (伸銅)㈜	미쓰비시 (三菱)	있음
104	일본	오사카부(大阪府)	大阪市	생략	공장	■京제작 소 오사 카(大阪) 발조(發 條)공장	미쓰비시(三菱) 제강㈜	미쓰비시(三菱)	없음
105	일본	오사카부 (大阪府)	大阪市	생략	공장	오사카 (大阪) 제련소	미쓰비시(三菱) 광업㈜	미쓰비시 (三菱)	있음

106	일본	오이타 (大分)현	大野郡	생략	탄광산	오비라 (尾平) 광산	미쓰비시(三菱) 광업㈜	미쓰비시 (三菱)	없음
107	일본	오카야마 (岡山)현	倉敷市/淺 口郡	생략	공장	미즈시마 (水島)항 공기 제작소	미쓰비시(三菱)중 공업㈜	미쓰비시 (三菱)	없음
108	일본	이와테 (岩手)현	和賀郡	생략	탄광산	와시아이 모리 (鷲合森) 광산	미쓰비시(三菱) 광업㈜	미쓰비시 (三菱)	있음
109	일본	지바 (千葉)현	船橋市	생략	공장	후나바시 (船橋) 공장	니혼(日本)건철공업 (建鐵工業)㈜	미쓰비시 (三菱)	없음
110	일본	홋카이도 (北海道)	空知郡	생략	탄광산	닛토(日東) 비바이 (美唄)탄 광 차시 나이 (茶志內) 광업소	미쓰비시(三菱) 광업㈜	미쓰비시 (三菱)	없음
111	일본	홋카이도 (北海道)	空知郡	생략	탄광산	모시리 (茂尻)탄광	유베쓰(雄別)탄광 철도㈜	미쓰비시 (三菱)	있음
112	일본	홋카이도 (北海道)	空知郡	생략	탄광산	비바이 (美唄)탄광	미쓰비시(三菱) 광업㈜	미쓰비시 (三菱)	있음
113	일본	홋카이도 (北海道)	白糠郡	생략	탄광산	샤쿠베쓰 (尺別)탄광	유베쓰(雄別)탄광 철도㈜	미쓰비시 (三菱)	없음
114	일본	홋카이도 (北海道)	上川郡	생략	탄광산	신시모카 와(新下 川)광산	미쓰비시(三菱) 광업㈜	미쓰비시 (三菱)	없음
115	일본	홋카이도 (北海道)	夕張郡	생략	탄광산	미나미오 유바리 (南大夕張)	미쓰비시(三菱) 광업㈜	미쓰비시 (三菱)	없음
116	일본	홋카이도 (北海道)	夕張市	생략	탄광산	오유바리 (大夕張) 탄광	미쓰비시(三菱) 광업㈜	미쓰비시 (三菱)	있음
117	일본	홋카이도 (北海道)	十勝郡	생략	탄광산	우라호로 (浦幌)탄광	유베쓰(雄別)탄광 철도㈜	미쓰비시 (三菱)	없음
118	일본	홋카이도 (北海道)	阿寒郡	생략	탄광산	유베쓰 (雄別)탄광	유베쓰(雄別)탄광 철도㈜	미쓰비시 (三菱)	없음
119	일본	홋카이도 (北海道)	余市郡	생략	탄광산	아카이가 와(赤井 川)광산	미쓰비시(三菱) 광업㈜	미쓰비시 (三菱)	없음
120	일본	홋카이도 (北海道)	札幌市	생략	탄광산	데이네 (手稻)광산	미쓰비시(三菱) 광업㈜	미쓰비시 (三菱)	없음
121	일본	和歌山縣	東牟婁郡	생략	탄광산	묘호(妙 法)광산· 엔만치 (円滿地) 광산	이시하라(石原) 산업㈜	미쓰비시 (三菱)	없음

122	일본	和歌山縣	和歌山市	생략	공장	와카야마 (和歌山) 공장	미쓰비시(三菱) 전기㈜	미쓰비시 (三菱)	없음
123	일본	효고 (兵庫)현	尼崎市	생략	공장	아마가사 키(尼崎) 공장	다이니치(大日)전선 (電線)㈜	미쓰비시 (三菱)	없음
124	일본	효고 (兵庫)현	尼崎市	생략	공장	아마가사 키(尼崎) 공장	아사히가라스(旭 硝子)㈜ (ASAHI GLASS CO., LTD.)	미쓰비시 (三菱)	없음
125	일본	효고(兵 庫)현	神戸市	생략	공장	고베 (神戸) 제작소	미쓰비시(三菱) 전기㈜	미쓰비시 (三菱)	없음
126	일본	효고(兵 庫)현	神戸市	생략	공장	고베 (神戸) 제작소	미쓰비시(三菱)중 공업㈜	미쓰비시 (三菱)	있음
127	일본	효고(兵 庫)현	神戸市	생략	운수항 만	미쓰비시 (三菱) 창고㈜	미쓰비시(三菱) 창고㈜	미쓰비시 (三菱)	없음
128	일본	효고 (兵庫)현	養父郡	생략	탄광산	니혼(日 本)정광 (精鑛) 나 카세 (中瀬)광산	미쓰비시(三菱) 광업㈜	미쓰비시 (三菱)	있음
129	일본	효고 (兵庫)현	養父郡	생략	탄광산	아케노 베(明延) 광산	미쓰비시(三菱) 광업㈜	미쓰비시 (三菱)	있음
130	일본	효고 (兵庫)현	印南郡	생략	공장	이호 (伊保)공장	아사히가라스(旭 硝子)㈜ (ASAHI GLASS CO., LTD.)	미쓰비시 (三菱)	없음
131	일본	효고 (兵庫)현	印南郡	생략	공장	이호 (伊保)공장	니혼(日本)화성화학 (化成工業)	미쓰비시 (三菱)	있음
132	일본	효고 (兵庫)현	朝来郡	생략	탄광산	이쿠노 (生野) 광업소	미쓰비시(三菱) 광업㈜	미쓰비시 (三菱)	있음
133	일본	효고(兵 庫)현	川邊郡	생략	공장	이타미 (伊丹) 제작소	미쓰비시(三菱) 전기㈜	미쓰비시 (三菱)	있음
134	일본	효고 (兵庫)현	姫路市	생략	공장	히메지 (姫路)공장	미쓰비시(三菱) 전기㈜	미쓰비시 (三菱)	없음
135	일본	후쿠시마 (福島)현	郡山市	생략	공장	고리야마 (郡山)공장	미쓰비시(三菱) 전기㈜	미쓰비시 (三菱)	없음
136	일본	후쿠시마 (福島)현	河沼郡	생략	공장	히로타 (廣田)공장	미쓰비시(三菱) 제강㈜	미쓰비시 (三菱)	없음
137	일본	후쿠오카(福岡)현	생략	생략	공장	쓰네미 (恒見) 채석장	우베(宇部)시멘트제 조㈜/우베(宇部)흥 산(興産)㈜	미쓰비시 (三菱)	없음

138	일본	후쿠오카 (福岡)현	생략	생략	탄광산	호코쿠(豊國)시멘트㈜	호코쿠(豊國)시멘트㈜	미쓰비시 (三菱)	없음
139	일본	후쿠오카 (福岡)현	嘉穂郡	생략	탄광산	가미야마다(上山田)탄광	미쓰비시(三菱)광업㈜	미쓰비시 (三菱)	없음
140	일본	후쿠오카 (福岡)현	嘉穂郡/飯塚市	생략	탄광산	이즈카(飯塚)탄광	미쓰비시(三菱)광업㈜	미쓰비시 (三菱)	없음
141	일본	후쿠오카 (福岡)현	飯塚市/嘉穂郡	생략	탄광산	나마즈타(鯰田)탄광	미쓰비시(三菱)광업㈜	미쓰비시 (三菱)	있음
142	일본	후쿠오카 (福岡)현	北九州市	생략	공장	구로사키(黒崎)공장	니혼(日本)화성화학(化成工業)	미쓰비시 (三菱)	있음
143	일본	후쿠오카 (福岡)현	北九州市	생략	공장	마키야마(牧山)공장	니혼(日本)화성화학(化成工業)	미쓰비시 (三菱)	있음
144	일본	후쿠오카 (福岡)현	北九州市	생략	공장	아사히(旭)가라스(硝子)	아사히가라스(旭硝子)㈜ (ASAHI GLASS CO., LTD.)	미쓰비시 (三菱)	없음
145	일본	후쿠오카 (福岡)현	北九州市	생략	공장	와카마쓰(若松)공장	니카(日華)제유(制油)㈜/니카(日華)유지(油脂)㈜	미쓰비시 (三菱)	없음
146	일본	후쿠오카 (福岡)현	北九州市	생략	공장	와카마쓰(若松)조선소	미쓰비시(三菱)중공업㈜	미쓰비시 (三菱)	없음
147	일본	후쿠오카 (福岡)현	鞍手郡	생략	탄광산	신뉴(新入)탄광	미쓰비시(三菱)광업㈜	미쓰비시 (三菱)	없음
148	일본	후쿠오카 (福岡)현	田川郡	생략	탄광산	가나다(金田)탄광	미쓰비시(三菱)광업㈜	미쓰비시 (三菱)	없음
149	일본	후쿠오카 (福岡)현	田川郡	생략	탄광산	호죠(方城)탄광	미쓰비시(三菱)광업㈜	미쓰비시 (三菱)	없음
150	일본	후쿠오카 (福岡)현	糟屋郡	생략	탄광산	가쓰타(勝田)광업소	미쓰비시(三菱)광업㈜	미쓰비시 (三菱)	있음
151	일본	후쿠오카 (福岡)현	糟屋郡	생략	탄광산	야마다(山田)탄광	미쓰비시(三菱)광업㈜	미쓰비시 (三菱)	없음
152	일본	후쿠오카 (福岡)현	八幡市	생략	공장	마키야마(牧山)공장	아사히가라스(旭硝子)㈜ (ASAHI GLASS CO., LTD.)	미쓰비시 (三菱)	없음
153	일본	후쿠이 (福井)현	大野郡	생략	탄광산	오모다니(面谷)광산	미쓰비시(三菱)광업㈜	미쓰비시(三菱)	없음
154	일본	후쿠이 (福井)현	勝山市	생략	탄광산	반도지마(坂東島)광산	미쓰비시(三菱)광업㈜	미쓰비시(三菱)	없음

155	일본	히로시마 (廣島)현	廣島市	생략	공장	히로시마 (廣島)기 계제작소	미쓰비시(三菱) 중공업㈜	미쓰비시 (三菱)	없음
156	일본	히로시마 (廣島)현	廣島市	생략	공장	히로시마(廣島) 제작소	미쓰비시(三菱) 중공업㈜	미쓰비시 (三菱)	없음
157	일본	히로시마 (廣島)현	廣島市	생략	공장	히로시마(廣島)제작 소(제20 제작소)	미쓰비시(三菱) 중공업㈜	미쓰비시 (三菱)	있음
158	일본	히로시마 (廣島)현	大竹市/佐 伯郡	생략	공장	오타케 (大竹)공장	니혼(日本)화성화학 (化成工業)	미쓰비시 (三菱)	없음
159	일본	히로시마 (廣島)현	福山市	생략	공장	후쿠야마 (福山) 제작소	미쓰비시(三菱) 전기㈜	미쓰비시 (三菱)	없음
160	일본	히로시마 (廣島)현	三原市	생략	탄광산	미하라 (三原) 광산	미쓰비시(三菱) 광업㈜	미쓰비시 (三菱)	없음
161	일본	히로시마 (廣島)현	三原市	생략	공장	미하라 (三原)차량 제작소	미쓰비시(三菱) 중공업㈜	미쓰비시 (三菱)	있음
162	일본	히로시마 (廣島)현	安佐郡	생략	공장	히로시마(廣島) 제작소	미쓰비시(三菱)공작 기계㈜	미쓰비시 (三菱)	없음
163	중국	광동성	해남도	생략	광산	남붕도 (南朋島) 중석광	미쓰비시(三菱)광업	미쓰비시 (三菱)	없음
164	중국	광동성	해남도	생략	광산	양각령 (羊角領) 수정광	미쓰비시(三菱)광업	미쓰비시 (三菱)	없음
165	중국	만주국	길림성 (吉林省)	신경(新 京)특별 시 대동 대가(大 同大街) 강덕(康 德) 회관	공장	만주석유 ㈜ 본사	만주석유㈜	미쓰비시 외 4개 기업, 기관 합자	없음
166	중국	만주국	길림성 (吉林省)	신경(新 京)특별 시 장춘 대가(長 春大街)	공장	만주항공 ㈜ 본사	만주항공㈜	미쓰비시 외 4개 기업, 기관 합자	없음
167	중국	만주국	생략	생략	공장	미쓰비시(三菱) 제지㈜	미쓰비시(三菱) 제지㈜	미쓰비시 (三菱)계/ 만철 중앙 시험소 연구 위탁 기업	없음

168	중국	만주국	길림성 (吉林省)	신경(新京)특별시 대동대가(大同大街) 강덕(康德) 회관	농장	만주척식공사 본사	만주척식공사	미쓰비시 외 6개 기업, 기관 합자	없음
169	중국	만주국	길림성 (吉林省)	신경(新京)특별시 대동대가(大同大街) 강덕(康德) 회관	공장	만주전기화학공업㈜ 본사	만주전기화학공업㈜	미쓰비시 외 2개 기업 합자	없음
170	중국	만주국	봉천성 (奉天省)	봉천시(奉天市) 심양구(瀋陽區) 혜공가(惠工街) 3단	공장	동화(同和)자동차공업㈜	동화(同和)자동차공업㈜	미쓰비시 외 5개 기업 합자	없음
171	한반도	강원	평강군	고삽, 유진면	탄광산	가보(嘉寶)금산	미쓰비시(三菱)광업㈜	미쓰비시(三菱)	없음
172	한반도	강원	양구/인제/춘천군	춘천군 북산면/인제군남면/양구군남면	탄광산	삼우(三友)금산	미쓰비시(三菱)광업개발㈜	미쓰비시(三菱)	없음
173	한반도	강원	춘천군	서면	탄광산	서봉(西峰)금광	미쓰비시(三菱)광업개발㈜	미쓰비시(三菱)	없음
174	한반도	강원	평강군	고삽, 유진면	탄광산	우익(佑益)광산	미쓰비시(三菱)광업㈜	미쓰비시(三菱)	없음
175	한반도	강원	삼척/정선군	하장면/정선군임계면	탄광산	운성(雲城)광산	미쓰비시(三菱)광업개발㈜	미쓰비시(三菱)	없음
176	한반도	강원	회양군	하북면	탄광산	철령(鐵嶺)광산	미쓰비시(三菱)광업㈜	미쓰비시(三菱)	없음
177	한반도	강원	홍천군	남면	탄광산	화전리(花田里)광산	미쓰비시(三菱)광업㈜	미쓰비시(三菱)	없음
178	한반도	강원	평강군	불상	기타	성산(城山)농장	조선무연탄㈜	미쓰비시 외 4개 기업 합자	없음
179	한반도	강원	춘천군	동, 북산면	탄광산	판항(板項)광산	조선광업진흥㈜	미쓰비시 외 10개 기업 합자	없음
180	한반도	강원	철원군	불상	공장	조선방직㈜ 철원조면공장	조선방직㈜	미쓰비시 외 2개 기업 합자	없음

181	한반도	경기	경성부	중구남 대문통 10-1	공장	조선화학 공업㈜ 본점	조선화학공업㈜	미쓰비시 (三菱)화성 (化成)㈜	없음
182	한반도	경기	인천부	학익정 510	공장	미쓰비시 (三菱)전기 ㈜ 인천 공장	미쓰비시(三菱) 전기㈜	미쓰비시 (三菱)	없음
183	한반도	경기	인천부	부평 소 화정	공장	미쓰비시 (三菱)제 강㈜ 인 천제작소	미쓰비시(三菱) 제강㈜	미쓰비시 (三菱)	없음
184	한반도	경기	경성부	용산구 한강통 3-21	공장	히로나카 중공(弘 中重工) ㈜ 경성 공장	히로나카중공(弘中 重工)㈜	미쓰비시 (三菱), 제1징병보험	없음
185	한반도	경기	이천군	판교면	탄광산	대장(大 藏)특수 광산	조선광업진흥㈜	미쓰비시 외 10개 기업 합자	없음
186	한반도	경기	시흥군	과천, 신 동면	탄광산	승운(昇 雲)광산	조선광업진흥㈜	미쓰비시 외 10개 기업 합자	없음
187	한반도	경기	경성부	불상	공장	조선방직 ㈜ 영등포 공장	조선방직㈜	미쓰비시 외 2개 기업 합자	없음
188	한반도	경기	경성부	중구황 금정 2-128	탄광산	조선운모 개발판매 ㈜ 본점	조선운모개발판매㈜	미쓰비시 외 2개 기업 합자	없음
189	한반도	경남	부산부	영선정1	공장	조선중공 업㈜ 부산 조선소	조선중공업㈜	미쓰비시 외 3개 기업 합자	없음
190	한반도	경남	남해군	삼동면	탄광산	삼동(三東) 광산	미쓰비시(三菱) 광업㈜	미쓰비시 (三菱)	없음
191	한반도	경남	부산부	범일정 700	공장	조선 방직㈜ 부산공장	조선방직㈜	미쓰비시 외 2개 기업 합자	없음
192	한반도	경북	봉화/삼척군	소천면/ 삼척군상 장면	탄광산	연화(蓮花) 광산	미쓰비시(三菱) 광업㈜	미쓰비시 (三菱)	없음
193	한반도	경북	봉화/삼척군	강원삼척 군상장, 원덕면/ 봉화군소 천면	탄광산	원덕(遠德) 광산	미쓰비시(三菱) 광업㈜	미쓰비시 (三菱)	없음
194	한반도	경북	생략	신성천 (문경)- 북안(영천)	철도/ 도로	서선(西鮮) 중앙철도	조선무연탄㈜	미쓰비시 외 4개 기업 합자	없음
195	한반도	경북	영덕군	창수면	탄광산	창보(菖寶) 광산	조선광업진흥㈜	미쓰비시 외 10개 기업 합자	없음

196	한반도	경북	영덕군	영덕,축산면	탄광산	화천(華川)광산	조선광업진흥㈜	미쓰비시 외 10개 기업 합자	없음
197	한반도	경북	대구부	불상	공장	조선방직㈜ 대구분공장	조선방직㈜	미쓰비시 외 2개 기업 합자	없음
198	한반도	불상	생략	불상	공장	중앙전기㈜	중앙전기㈜	미쓰비시(三菱)계	없음
199	한반도	전남	무안군	불상	탄광산	규사채취장(硅砂採取場)	동해(東海)공업㈜	미쓰비시(三菱)화성(化成)㈜	없음
200	한반도	전남	순천부	황전면	공장	미쓰비시(三菱)화성(化成)공업㈜ 순천공장	미쓰비시(三菱)화성(化成)㈜	미쓰비시(三菱)	없음
201	한반도	전북	김제/완주군	하리면 외5개지역/완주군우전,구이면	탄광산	김제(金堤)사금광	미쓰비시(三菱)광업㈜	미쓰비시(三菱)	없음
202	한반도	전북	김제/정읍군	정읍군 감곡면/김제군봉남면	탄광산	김제(金堤)채금광산	미쓰비시(三菱)광업㈜	미쓰비시(三菱)	없음
203	한반도	전북	무주/영동군	충북영동군용화면월전리/전북무주군설천면	탄광산	월전리(月田里)금광	미쓰비시(三菱)광업㈜	미쓰비시(三菱)	없음
204	한반도	전북	금산군	진산면	탄광산	형양(螢陽)광산	조선광업진흥㈜	미쓰비시 외 10개 기업 합자	없음
205	한반도	충남	공주/청양군	신하,탄천면/청양군운곡면	탄광산	미쓰비시(三菱)삼광(三光)금산	미쓰비시(三菱)광업㈜	미쓰비시(三菱)	없음
206	한반도	충남	공주군	탄천면	탄광산	신정(新正)광산	미쓰비시(三菱)광업㈜	미쓰비시(三菱)	없음
207	한반도	충북	영동군	영동읍/황간,매곡면	탄광산	월유(月留)광산	미쓰비시(三菱)광업㈜	미쓰비시(三菱)	없음
208	한반도	충북	제천군	수산면	탄광산	제천(堤川)광산	미쓰비시(三菱)광업㈜	미쓰비시(三菱)	없음
209	한반도	충북	단양/제천군	제천군수산면/단양군단양면	탄광산	단제(丹堤)광산	조선광업진흥㈜	미쓰비시 외 10개 기업 합자	없음

210	한반도	평남	영원군	소백면	탄광산	감덕(甘德)광산	미쓰비시(三菱)광업㈜	미쓰비시(三菱)	없음
211	한반도	평남	용강군	오신면	탄광산	겸이포(兼二浦)광산	미쓰비시(三菱)광업㈜	미쓰비시(三菱)	없음
212	한반도	평남	중화군	중화, 신흥면	탄광산	겸이포(兼二浦)철산	미쓰비시(三菱)광업㈜	미쓰비시(三菱)	없음
213	한반도	평남	강서군	불상	공장	미쓰비시(三菱)마그네슘공업	미쓰비시(三菱)마그네슘공업㈜	미쓰비시(三菱)	없음
214	한반도	평남	진남포부	불상	공장	미쓰비시(三菱)마그네슘공업 진남포공장	미쓰비시(三菱)마그네슘공업㈜	미쓰비시(三菱)	없음
215	한반도	평남	강서군	초리면	공장	미쓰비시(三菱)제강 평양제강소	미쓰비시(三菱)제강㈜	미쓰비시(三菱)	없음
216	한반도	평남	강서군	보림면	탄광산	보림(普林)면 철산	미쓰비시(三菱)광업㈜	미쓰비시(三菱)	없음
217	한반도	평남	대동군	금제면상지리	탄광산	장산(長山)탄광	미쓰비시(三菱)광업㈜	미쓰비시(三菱)	없음
218	한반도	평남	대동/평양부	임원면/평양부미산, 용흥리	탄광산	감북(坎北)탄광	조선무연탄㈜	미쓰비시 외 4개 기업 합자	없음
219	한반도	평남	강동군	고읍, 정호, 강동, 원탄면	탄광산	강동(江東)탄광	조선무연탄㈜	미쓰비시 외 4개 기업 합자	없음
220	한반도	평남	강서/대동군	강서, 동진면용정리943/내차, 반석면/대동군대보면	탄광산	강서(江西)탄광	조선무연탄㈜	미쓰비시 외 4개 기업 합자	없음
221	한반도	평남	개천군	조양면	탄광산	개천(价川)탄광	조선무연탄㈜	미쓰비시 외 4개 기업 합자	없음
222	한반도	평남	대동군	남부면남정리	탄광산	대문산(大文山)탄광	조선무연탄㈜	미쓰비시 외 4개 기업 합자	없음

223	한반도	평남	강서/대동군	대동군 대보,남형제산,금제,재경리면/강서군 반석,동진면	탄광산	대보(大寶)[面]탄광	조선무연탄㈜	미쓰비시 외 4개 기업 합자	없음
224	한반도	평남	강동군	만달면대성리	탄광산	대성(大成)탄광	조선무연탄㈜	미쓰비시 외 4개 기업 합자	없음
225	한반도	평남	강동군	삼등면	탄광산	덕산(德山)탄광	조선무연탄㈜	미쓰비시 외 4개 기업 합자	없음
226	한반도	평남	강동군	삼등면	탄광산	삼등(三登)탄광	조선무연탄㈜	미쓰비시 외 4개 기업 합자	없음
227	한반도	평남	강서/대동군	대동군시족,임원,서천면/강동군원탄면	탄광산	삼신(三神)탄광	조선무연탄㈜	미쓰비시 외 4개 기업 합자	없음
228	한반도	평남	순천군	신창면재동리	탄광산	신창(新倉)탄갱	조선무연탄㈜	미쓰비시 외 4개 기업 합자	없음
229	한반도	평남	개천군	북면	탄광산	용담(龍潭)탄광	조선무연탄㈜	미쓰비시 외 4개 기업 합자	없음
230	한반도	평남	강동/대동군	강동군원탄면남경리, 대동군시족면	탄광산	원탄(元灘)탄광	조선무연탄㈜	미쓰비시 외 4개 기업 합자	없음
231	한반도	평남	강동군	불상	탄광산	조선무연탄㈜광무소	조선무연탄㈜	미쓰비시 외 4개 기업 합자	없음
232	한반도	평남	강동군	삼등면상동리	탄광산	흑령(黑嶺)탄광	조선무연탄㈜	미쓰비시 외 4개 기업 합자	없음
233	한반도	평남	순천군	신창면	탄광산	은산(殷山)금산	조선광업진흥㈜	미쓰비시 외 10개 기업 합자	없음
234	한반도	평남	진남포부	불상	공장	조선방직㈜진남포조면공장	조선방직㈜	미쓰비시 외 2개 기업 합자	없음

235	한반도	평남	대동군	불상	공장	조선방직 ㈜ 평양조 면공장	조선방직㈜	미쓰비시 외 2개 기업 합자	없음
236	한반도	평북	창성군	창성면	탄광산	천우(天 祐)광산	미쓰비시(三菱) 광업㈜	미쓰비시(三菱)	없음
237	한반도	평북	창성군	청산면	탄광산	대유동(大榆洞) 광산	조선광업진흥㈜	미쓰비시 외 10개 기업 합자	없음
238	한반도	평북	희천군	남면	탄광산	백운(白 雲)광산	조선광업진흥㈜	미쓰비시 외 10개 기업 합자	없음
239	한반도	평북	희천군	남면	탄광산	안돌(安 突)광산	조선광업진흥㈜	미쓰비시 외 10개 기업 합자	없음
240	한반도	평북	운산군	북진면대 암동	탄광산	운산(雲 山)광산	조선광업진흥㈜	미쓰비시 외 10개 기업 합자	없음
241	한반도	평북	박천/태천군	태천군 장림면/ 박천군청 룡면	탄광산	화협(和 協)광산	조선광업진흥㈜	미쓰비시 외 10개 기업 합자	없음
242	한반도	평북	정주군	불상	공장	조선방직 ㈜ 정주조 면공장	조선방직㈜	미쓰비시 외 2개 기업 합자	없음
243	한반도	평북	박천군	청룡면	탄광산	운흥동(雲興洞) 광산	조선운모개발판매㈜	미쓰비시 외 2개 기업 합자	없음
244	한반도	평북	박천군	청룡.용 계면	탄광산	제1영미 (嶺美) 광산	조선운모개발판매㈜	미쓰비시 외 2개 기업 합자	없음
245	한반도	평북	박천군	가산.용 계면	탄광산	진창(進 昌)제2 광산	조선운모개발판매㈜	미쓰비시 외 2개 기업 합자	없음
246	한반도	평북	박천/태천군	태천군 장림면/ 박천군청 룡면	탄광산	태박(泰 博)금광	조선운모개발판매㈜	미쓰비시 외 2개 기업 합자	없음
247	한반도	함남	단천군	북두일면	탄광산	북두(北 斗)광산	조선마그네사이트 개발㈜	미쓰비시 외 3개 기업 합자	없음
248	한반도	함남	단천군	북두일면	탄광산	용양(龍 陽)광산	조선마그네사이트 개발㈜	미쓰비시 외 3개 기업 합자	없음
249	한반도	함남	장진군	중남.신 남면	탄광산	개마(蓋 馬)광산	미쓰비시(三菱) 광업㈜	미쓰비시(三菱)	없음
250	한반도	함남	단천군	북두일면	탄광산	대동(大 同)광산	미쓰비시(三菱) 광업㈜	미쓰비시(三菱)	없음

251	한반도	함남	단천군	수하면	탄광산	미쓰비시 (三菱) 단천광산	미쓰비시(三菱) 광업㈜	미쓰비시 (三菱)	없음
252	한반도	함남	정평군	고산면	탄광산	보생(寶生) 광산	미쓰비시(三菱) 광업㈜	미쓰비시 (三菱)	없음
253	한반도	함남	정평군	고산면	탄광산	정보보성 (定寶寶成) 광산	미쓰비시(三菱) 광업㈜	미쓰비시 (三菱)	없음
254	한반도	함남	고원/문천군	문천군도 초면물방 덕리/고 원군상 산면	탄광산	문천(文川) 탄광	조선무연탄㈜	미쓰비시 외 4개 기업 합자	없음
255	한반도	함남	원산부	불상	철도/ 도로	원산북항 ㈜ 석탄수 송철도	조선무연탄㈜	미쓰비시 외 4개 기업 합자	없음
256	한반도	함남	영흥군	고녕면	탄광산	모노리 (慕老里) 광산	조선광업진흥㈜	미쓰비시 외 10개 기업 합자	없음
257	한반도	함남	영흥군	고녕면	탄광산	백안(白安) 광산	조선광업진흥㈜	미쓰비시 외 10개 기업 합자	없음
258	한반도	함남	영흥군	고녕,인 흥면	탄광산	삼봉(三峰) 광산	조선광업진흥㈜	미쓰비시 외 10개 기업 합자	없음
259	한반도	함남	영흥군	고녕,호 도면	탄광산	수동리 (輸洞里) 광산	조선광업진흥㈜	미쓰비시 외 10개 기업 합자	없음
260	한반도	함남	안변군	안도면	탄광산	안변(安邊) 금산	조선광업진흥㈜	미쓰비시 외 10개 기업 합자	없음
261	한반도	함남	정평군	장원면	탄광산	정평(定平) 광산	조선광업진흥㈜	미쓰비시 외 10개 기업 합자	없음
262	한반도	함북	청진부	불상	공장	미쓰비시 (三菱)광업 ㈜ 청진 제련소	미쓰비시(三菱) 광업㈜	미쓰비시 (三菱)	없음
263	한반도	함북	나진/청진부	청진부- 나진부	공장	미쓰비시 (三菱) 화성(化成) 청진공장	미쓰비시(三菱)화성 (化成)㈜	미쓰비시 (三菱)	없음
264	한반도	함북	부령군	청암,석 막면	탄광산	청암(靑岩) 광산	미쓰비시(三菱) 광업㈜	미쓰비시 (三菱)	없음
265	한반도	함북	청진부	창평정	탄광산	청암(靑岩) 광산	미쓰비시(三菱) 광업㈜	미쓰비시 (三菱)	없음
266	한반도	함북	무산군	무산읍/ 영북, 동면	탄광산	무산(茂山) 철산	무산(茂山)철광 개발㈜	미쓰비시 외 2개 기업 합자	없음

267	한반도	함북	무산군	불상	철도/도로	북선(北鮮)拓殖철도㈜ 석탄수송철도	북선(北鮮)척식철도㈜	미쓰비시 외 3개 기업 합자	없음
268	한반도	함북	경원/온성군	경원면/온성군훈융면	탄광산	훈융(訓戎)탄광	조선무연탄㈜	미쓰비시 외 4개 기업 합자	없음
269	한반도	함북	길주군	장백면	탄광산	대암(大巖)운모광산	조선운모개발판매㈜	미쓰비시 외 2개 기업 합자	없음
270	한반도	함북	길주군	양사면	탄광산	성덕(城德)광산	조선운모개발판매㈜	미쓰비시 외 2개 기업 합자	없음
271	한반도	함북	길주군	장백면	탄광산	장문내외(長門內外)광산	조선운모개발판매㈜	미쓰비시 외 2개 기업 합자	없음
272	한반도	함북	길주군	장백면	탄광산	장백(長白)제1광산	조선운모개발판매㈜	미쓰비시 외 2개 기업 합자	없음
273	한반도	함북	길주군	장백면	탄광산	장백(長白)제2광산	조선운모개발판매㈜	미쓰비시 외 2개 기업 합자	없음
274	한반도	황해	장연군	대구면	탄광산	구미포(九味浦)채취장(採取場)	동해(東海)공업㈜	미쓰비시(三菱)화성(化成)㈜	없음
275	한반도	황해	황주군	겸이포읍/구성면축대리/송림,청수,영풍면	탄광산	겸이포(兼二浦)철산	미쓰비시(三菱)광업㈜	미쓰비시(三菱)	없음
276	한반도	황해	재령군	남율,재령면	탄광산	미쓰비시(三菱)남양(南陽)철산	미쓰비시(三菱)광업㈜	미쓰비시(三菱)	없음
277	한반도	황해	재령군	재령군은산,화산,은용면신유리/장수면	탄광산	미쓰비시(三菱)은룡(銀龍)철산	미쓰비시(三菱)광업㈜	미쓰비시(三菱)	없음
278	한반도	황해	서흥군	용평,내덕,목감면	탄광산	용평(龍平)광산	미쓰비시(三菱)광업㈜	미쓰비시(三菱)	없음
279	한반도	황해	벽성/옹진군	대차면/옹진군가천면	탄광산	천장(天長)광산	미쓰비시(三菱)광업㈜	미쓰비시(三菱)	없음

280	한반도	황해	벽성/옹진군	월록,대차,벽성면/옹진군마산면,옹진읍	탄광산	해주(海州)광산	미쓰비시(三菱)광업㈜	미쓰비시(三菱)	없음
281	한반도	황해	봉산군	사리원읍	공장	조선방직㈜사리원조면공장	조선방직㈜	미쓰비시 외 2개 기업 합자	없음
282	한반도	황해	신천군	불상	공장	조선방직㈜신천조면공장	조선방직㈜	미쓰비시 외 2개 기업 합자	없음
283	한반도	황해	장연군	불상	공장	조선방직㈜장연조면공장	조선방직㈜	미쓰비시 외 2개 기업 합자	없음
284	한반도	황해	안악군	대행,은홍면	탄광산	안악광산	조선운모개발판매㈜	미쓰비시 외 2개 기업 합자	없음

〈정혜경〉

도움이 되는 글

持株會社整理委員會, 『日本財閥とその解體』, 1941.
정혜경, 『일제시대 재일조선인민족운동연구』, 국학자료원, 2000.
일제강점하강제동원피해진상규명위원회, 『강제동원진상조사구술자료집 – 조선여자근로정신대, 그 경험과 기억』, 2008.
안재성, 『신불산 – 빨치산 구연철 생애사』, 산지니, 2011.
윤지현, 『파도가 지키는 감옥섬』, 선인출판사, 2013.
竹内康人, 『調査 朝鮮人强制勞動2 – 財閥 鑛山編』, 社會評論社, 2014.
허광무 외, 『일제강제동원 Q&A(1)』, 선인출판사, 2015.
국무총리 소속 대일항쟁기 강제동원 피해조사 및 국외강제동원희생자등 지원위원회, 『위원회 활동 결과보고서』, 2015.
정혜경, 「일제강점기 한반도 강제동원과 미쓰비시」, 『미쓰비시를 품은 여백 사택마을 부평삼릉』, 부평역사박물관, 2016.

중요한 낱말 | ★

아시아태평양전쟁, 조선인 강제동원, 미쓰비시, 하시마, 이와사키 야타로, 나고야항공기제작소, 신창탄갱, 조선방직, 제로센, 자살특공대, 사할린

군인편 2장

Q&A_03 용산 미군기지에 일본군이 주둔했었다는 게 사실인가요?

Q&A_04 광복군이 된 학병들에 대해서 알고 싶습니다.

Q&A_05 조선인들을 대상으로 한 징병은 언제, 어떻게 결정되었나요?

Q&A_06 일본군이 전라도 해안에 건설한 군사시설에 대해서 말해주세요.

서울의 한복판 남산에서 한강에 이르는 용산구 일대에는 아직까지도 우리의 주권이 미치지 못하는 공간이 있습니다. 속칭 용산 미군기지로 알려진 곳으로 주한미군사령부와 미8군사령부를 비롯하여 한미연합군사령부와 주한유엔군사령부 등이 자리한 곳입니다.

현재 약 80여만 평에 이르는 이곳 용산 미군기지는 조만간 평택 이전계획에 따라 한국 정부에 일부를 제외하고 반환될 예정입니다. 미군이 이곳에 자리한 것이 1945년 해방 직후부터이니 어언 70여 년만이라고 할 수 있습니다.

그런데 미군이 용산에 주둔하게 된 것은 특별한 사연이 있습니다. 이미 많이 알려진 바대로 용산 미군기지는 해방 이전 한반도에 주둔했던 일본군 사령부가 똬리를 틀고 있었던 장소인 것입니다. 즉 용산에는 한반도 주둔 일본군의 수뇌인 조선군사령부와 주축 사단이었던 제20사단 사령부, 그리고 예하 보병·기병 연대 등이 주둔하고 있었습니다.

일본군이 용산에 본격적으로 주둔하기 시작한 것은 1904년 4월 한국주차군(韓國駐箚軍)을 편성하고 한국주차군사령부를 설치할 때부터입니다. 일본은 러일전쟁 직후 대한제국 정부에 한일의정서(韓日議定書)를 강요했으며 이를 토대로 한반도 내 '군략상(軍略上)' 필요한 지역을 무단으로 점령하였습니다. 그리고 용산 일대는 한반도에 주둔할 일본군 수뇌부가 주둔할 적지로 판단되었습니다. 고종과 한국 정부를 군사적으로 직접 위협할 수 있을 만큼 지근 거리였으며, 대규모 군대가 주둔하기 적당한 너른 들판에 한강을 이용해 서해에서 군함으로 바로 접근이 가능한 천혜의 입지 조건을 가지고 있었기 때문입니다.

그림 6 1907년 경 일본군 기지 공사가 한창인 용산(皇太子殿下韓國御渡航紀念寫眞帖, 1907)

용산의 광대한 토지를 점탈한 일본군은 모두 두 차례에 걸쳐 방대한 규모의 군사시설물을 건축합니다. 제1시기는 러일전쟁 직후인 1906년부터로 한국주차군사령부를 비롯하여 예하 부대가 주둔할 수 있는 시설물을 건축한 것이었습니다. 이를 위해 임시건축과라는 부서를 만들어 막사 건축은 물론 인력 동원, 건축 자재 수급 등의 업무를 전담시키기도 하였습니다.

주목할 점은 이미 이때부터 일본군의 군사시설물은 '영구(永久)' 주둔을 상정한 채 만들어지고 있었다는 사실입니다. 아직 대한제국의 국체가 엄연히 존재하고 있었음에도 일본군의 시설물들은 이미 병탄 이후를 준비하고 있었던 것입니다. 요컨대 일본군은 이미 러일전쟁 직후부터 용산을 중심으로 영구히 주둔할 채비를 갖추고 있었고 이것은 1910년 한국병탄과 큰 관계없이 지속되었습니다. 제1시기 공사가 일단락 된 것은 1913년이었습니다.

제2시기는 1915년부터 1922년까지입니다. 이 시기는 한반도에 주둔하고 있던 일본군의 상주화(常駐化)가 진행되던 때입니다. 상주화는 이전에 주차 형식, 즉 본토의 사단이 1년 내지 2년을 주기로 교대하던 형식을 탈피하고, 서울과 함경북도 나남(羅南)을 중심으로 한 2개 사단이 상시 주둔하는 체제로 변화하는 것을 의미합니다. 제2시기에는 이들 2개 사단 병력의 주둔을 위한 군사시설물 확장 공사가 대대적으로 시행되었습니다.

그림 7 1920년대 용산기지 전경.(김천수 소장자료)

이후에도 일본군의 군사시설물은 한반도 곳곳에 수없이 건설되었습니다. 다만, 용산에 있는 일본군 건축물들은 대부분 제1시기와 제2시기에 만들어진 것들입니다. 흥미로운 점은 해방 이후 미군들이 용산의 일본군 기지를 접수하여 주둔하면서 기존의 건축물들을 거의 파괴하지 않은 채 그대로 사용했다는 것입니다. 건물의 용도 변경과 개보수 또는 확장, 그리고 철거가 진행되었지만 이는 일부에 국한되었습니다. 이로 인해 현재 용산 미군기지 내에는 약 170여 개 동이 훨씬 넘는 일본군 건축물들이 고스란히 잔존해 있습니다.

지금의 용산 미군기지는 일제시기 일본군이 주둔하던 때에 비하면 많이 축소되었습니다. 이것은 미국의 대아시아 군사 정책에 동반한 미군의 감축에 따른 것이었습니다. 이에 따라 일제시기 용산의 일본군 기지 중 일부가 조금씩이나마 지속적으로 한국 정부에 반환되곤 했던 것입니다. 현재 용산 가족공원과 전쟁기념관, 국립중앙박물관 등은 모두 옛 일본군 기지이자 미군 기지였던 장소가 정부에 반환되면서 생겨난 것들입니다.

머지않은 시기에 나머지 대부분의 용산기지가 우리의 품으로 되돌아옵니다. 그곳에 20세기 초반 우리의 영토와 민족, 그리고 주권을 유린했던 일본군의 잔해가 생생하게 남아 있습니다. 정부는 이곳에 최초의 국가공원을 만들어 시민들에게 되돌려 주겠다는 계획을 세웠습니다. 여기에서 잊지 말아야할 점은 빼앗겼던 토지, 불행한 건축물이지만 우리가 그곳을 어떻게 기억하고 보존하여 교육하는가에 따라 오히려 다행스러운 미래로 만들어 질 수도 있다는 사실입니다.

〈조건〉

도움이 되는 글

조건, 「일제 한국주차군 경리부의 활동과 한국민의 대응(1904~1910)」, 동국대 석사논문, 2005.

용산구청 문화체육과(김천수), 『용산의 역사를 찾아서 AD.97~1953』, 2014.

김천수, 「일제시기 용산기지 형성과정에 대한 기초 연구」, 『향토서울』 97, 2014.

중요한 낱말 | ★

용산, 용산 미군기지, 주한미군, 한반도 주둔 일본군, 한국주차군, 조선군, 기지 반환, 상주화, 나남, 한일의정서, 조선군사령부

학도지원병제도는 일본이 법문계 대학과 전문대학에 재학 중이던 식민지 조선인들을 군인으로 동원하기 위한 제도였습니다. 학도지원병제도의 공식 명칭은 1943년 10월 결정된 [육군특별지원병임시채용규칙(陸軍特別志願兵臨時採用規則)]이었습니다. 이 제도에 근거하여 1944년 1월 20일 약 4천 명의 조선인 청년들이 일본군에 동원되었습니다. 아울러 이 제도에 의해 동원되었던 사람들은 주로 '학병'이라고 불리었습니다. 그런데 이 학병 중에서 대한민국임시정부의 군대, 즉 한국광복군이 된 사람들이 있습니다.

그림 8 광복군 훈련 중이던 노능서 · 김준엽 · 장준하(왼쪽부터)

일제 말기 학병으로 동원된 조선인 청년들은 별도의 훈련소를 거치지 않고 바로 부대에 입영한 뒤 그곳에서 가혹한 훈련생활을 거쳤습니다. 그리고 곧바로 일제가 자행한 침략전쟁 곳곳의 일본 군 전선 부대로 배치되었습니다. 학병들이 배치된 지역은 한반도 와 일본 본토는 물론이고, 중국 동북부와 관내지역(關內地域), 필 리핀과 대만을 비롯한 동남아시아, 동·서 뉴기니에 이르기까지 광범위했습니다.

주목할 점은 중국 관내지역에 끌려간 학병 동원자들 중 적지 않 은 수가 일본군 부대를 탈출하여 적극적으로 항일투쟁을 전개했다 는 사실입니다. 특히 이들 중 일부는 중국 국민당 중앙군에 포로로 사로잡혔다가 임시정부 측에 인계되어 다시 일정 기간의 훈련을 거 친 뒤 광복군이 되는 경우가 있었습니다. 대표적으로 장준하(張俊 河)를 비롯하여 김준엽(金俊燁)·노능서(魯能瑞)·윤경빈(尹慶彬) 등의 인물을 꼽을 수 있습니다.

김준엽 등의 학병들은 중국 황포군관학교(黃埔軍官學校) 분교 내에 특별히 설치되었던 한국광복군 간부훈련반(줄여서 韓光班)에 서 일본군의 껍질을 벗기 위한 훈련을 받습니다. 이 한광반에서 훈 련받은 인원만 33명을 헤아립니다. 이들은 훈련 후 기나긴 장정(長 征)을 거쳐 중경(重慶)에 도착 드디어 꿈에도 그리던 임시정부의 품에 안겼고, 이윽고 한국광복군의 일원이 되었습니다.

광복군이 된 학병들은 임시정부의 항일투쟁에 적극 가담하는 한 편 일부 인원은 미군 전략정보기관(OSS; Office of Strategic Service)에서 특수 훈련을 받은 후 대일 정보전에 참전하기도 하 였습니다. 이것은 학병들이 모두 일제시기 대학 이상의 학력을 가

진 까닭에 일본어에 능통하고 학습 능력이 뛰어났기 때문입니다.

학병들은 해방 이후 자신들의 이야기를 직접 글로 남긴 경우가 많았습니다. 이로 인해 학병들의 광복군 내 활동에 관해서는 임시정부와 광복군 관련 자료 외에도 학병 스스로 기록한 회고록을 쉽게 참고할 수 있습니다.

한편 학병들에 관한 기록은 이들이 동원되었던 일본군 측의 자료에서도 확인됩니다. 특히 최근에 중국지역 일본군 부대 명부에서 학병들의 탈출 정황이 상세하게 기술된 자료가 발굴되었습니다. 여기에는 학병들이 일본군 부대에서 처했던 상황은 물론 어떠한 과정을 거쳐 탈출했는지가 구체적으로 담겨져 있습니다. 그런데 일본군 부대에서 목숨을 걸고 탈출했음에도 불구하고 아직까지 우리가 알지 못하는 수많은 학병들의 이름이 함께 발견됩니다.

일본군 명부에 탈출한 것으로 확인된 학병들 중에는 위에서 살펴본 것과 같이 광복군에 투신한 인물들이 가장 대표적입니다. 그

러나 중국 공산당군 측에 사로잡혔다가 조선의용군에 편입된 인물들도 있고, 아예 그 생사조차 확인할 수 없는 인물들도 적지 않습니다. 비록 임시정부의 품에 안기지는 못했지만 이들 모두 항일 독립투쟁을 위해 목숨을 걸고 탈출을 감행했던 분들입니다. 이들

그림 9 김준엽의 '병적전시명부(兵籍戰時名簿)' 중 일부. '도망(逃亡)'으로 기록한 대목이 눈에 띈다.

모두를 찾고 기억하는 일, 아픈 역사를 다스려 바로 세우는 시작
입니다.

〈조건〉

도움이 되는 글

김준엽, 『長征』, 나남, 1987.
1·20 학병사기간행위, 『1·20學兵史記』, 1·20동지회 중앙본부,
1987.
장준하, 『돌베개』, 세계사, 1992.
김광재, 「한국광복군의 활동 연구」, 동국대 박사학위논문, 1999.
표영수, 「일제강점기 조선인 지원병제도 연구」, 숭실대 박사학위논문,
2008.
조건, 「일제 말기 한인 학병들의 중국지역 일본군 부대 탈출과 항일투쟁」,
『한국독립운동사연구』 56, 2016. 11.

중요한 낱말 ┃ ★

학병, 학도지원병제도, 학병 동원, 한국광복군, 임시정부, 황포군관학교,
김준엽, 장준하, 노능서, 윤경빈

일본이 식민지의 조선인들을 징병제를 통해 동원하기 시작한 것은 1944년부터였습니다. 다만 이전에도 1938년부터 시행된 지원병제도(육군특별지원병제도)를 비롯하여 1944년 1월 입영토록 규정되었던 학도지원병제도(임시육군특별지원병제도) 등에 의해서 일본군에 의한 군인동원은 이미 진행되고 있었습니다. 그러나 징병제도는 기만적이었던 지원의 형식마저 걷어치우고 조선인 청년 전체를 죽음의 전선으로 내몰기 위해 실시한 것이었다는 점에서 일본제국주의의 식민 지배가 극악으로 치달았다는 방증에 다름 아니었습니다.

일본이 조선인 대상의 징병제를 고려한 것은 한국병탄 직후부터 입니다. 예를 들어 다치바나 고이치로(立花小一郎) 같은 이는 1913년 10월 『조선급만주(朝鮮及滿洲)』라는 관제 잡지의 「군사상으로 본 조선민족」이라는 글에서 조선인이 군인으로써 결코 부적당한 민족이 아니라고 단언할 수 있다고 밝힌 바 있습니다. 이는 조선인을 일본군에 동원할 수도 있다는 뜻을 우회적으로 표명한 것으로 판단됩니다. 다치바나는 1912년 조선주차군 참모장으로 임명되었으며, 1914년부터는 조선주차헌병대사령관을 역임하면서 식민 지배 초기 무단통치의 정점에 있었던 인물입니다. 이밖에 1915년부터 조선군사령관을 역임했던 이구치 쇼고(井口省吾) 역시 1916년, 총독 하세가와 요시미치(長谷川好道)에게 조선인 징병에 관한 의견을 보고한 것으로 알려져 있습니다. 일본군, 특히 조선 주둔 일본군 측에서는 지속적으로 조선인에 대한 징병제 실시에 관해 검토하고 있었음을 알 수 있습니다.

그런데 징병제도는 국민 전체에게 국방의 의무를 부과하는 것인 만큼 그에 대한 반대급부의 권리가 주어져야 합니다. 조선인들에게 징병제를 실시하게 되면 참정권을 비롯한 권리를 더불어 보장해야 했던 것입니다. 그러나 일본 정부는 '이등국민'이었던 식민지 조선인들에게 식민 본국 정치에 참여할 수 있는 기회를 부여할 생각이 없었습니다. 식민지 조선 내 징병제 언급은 지속적인 침략과 도발을 감행하려는 일본군 수뇌부의 희망사항일 뿐이었습니다. 그나마 1919년 3·1 독립운동이 조선 전역에서 들불처럼 일어나자 조선인을 일본 군인으로 복무시키려는 속셈은 자취를 감추게 되었습니다.

1920년대에는 일본 내에서 이른바 '다이쇼 데모크라시'라고 하는 의회정치의 진전이 이루어졌고 이는 군부의 영향력 감소를 불러왔습니다. 국제적으로도 일본의 팽창을 우려하던 미국과 영국 등이 이른바 워싱턴 체제 아래 군비 감축을 강요하게 되었습니다. 이러한 국내외적 배경으로 군사력 증강은 어려웠고 자연스럽게 조선인에 대한 징병제 논의도 일어나지 않았던 것입니다.

그러나 1930년대 들어 상황이 급변합니다. 1931년 일본군의 만주침략에 이어 1937년 중국과의 전면전을 전후하여 다시금 조선 주둔 일본군 내에서 조선인을 병력으로 동원하는 방안이 제기되었습니다. 구체적으로 1937년 4월 가와기시 분자부로(川岸文三郎) 제20사단장은 당시 조선군사령관이었던 고이소 구니아키(小磯國昭)에게 조선인 황민화의 전제로써 조선인에 대한 병역 부여를 고려해야 한다는 의견을 제시하게 이른 것입니다. 아울러 같은 해 5월에는 도쿄의 육군성 인사국에서도 조선인 병역문제에 관한 조회가 있었습니다.

결국 1937년 7월 7일 중일전쟁이 발발했고 이를 기다렸다는 듯이 그 해 12월 조선인 육군특별지원병제가 각의에서 통과되었으며 이듬 해 2월에는 칙령으로 공포되었습니다. 그리고 지원병제도 시행 2년차를 맞는 1939년 2월 육군대신 이타가키 세이시로(板垣征四郎)는 제국의회 중의원 병역법개정위원회에서 조선인에 대한 지원병제도가 잘 시행되고 있으며 그 실적여하에 따라 징병제도에 관

그림 10 미나미 지로,
조선인 군인동원의 주범

해 결정할 것이라는 취지의 발언을 하기도 했습니다. 석 달 뒤인 5월에는 당시 조선 총독이었던 미나미 지로(南次郎)가 지원병제도를 확충하여 징병제 실현에 힘써야 한다는 주장을 『매일신보』에 공식적으로 언급하였습니다. 미나미는 1936년 8월 제7대 조선 총독으로 부임하면서 일왕의 조선 방문과 조선인에 대한 징병제 실시를 자신의 임기 중 실현하겠다는 포부를 가졌던 인물이었습니다.

요컨대 1930년대 말에는 조선 주둔 일본군은 물론 일본 육군 수뇌부, 그리고 정부 당국 모두가 조선인 징병제를 현실적으로 준비하고 있었던 것입니다.

그리고 1942년 1월 조선군사령부는 제19·20사단의 징병주임 참모를 사령부로 불러 모아 조선 청년들의 체격과 일본어 실력, 그

리고 호적 정비 상황을 확인하였습니다. 또한 2월에는 총독부 후생국 주도로 조선청년체력검사 시행을 예고하기도 했습니다. 주목할 점은 조선청년체력검사가 당시 18·19세의 조선인 청년들을 대상으로 했다는 사실입니다. 징병제 실시를 위한 기초 자료를 축적하는 한편 잠정적인 징병신체검사를 실시했다고 볼 수 있는 대목입니다.

1942년 5월 일본 내각 회의에서 결정된 조선인에 대한 징병제 실시는 위와 같은 오랜 기간의 고민과 준비 과정에서 비롯된 것이었습니다. 이 각의 결정으로 조선인 청년

그림 11 징병제 시행을 알리는 매일신보(1942. 5. 10 석간 1면) 기사

전체를 대상으로 하는 군인 동원이 시행되었고 그로 인한 피해는 걷잡을 수 없이 크게 번져 나갔습니다. 일본 육군에만 지원병제도 아래 동원된 2만여 명을 포함하여 적게는 20만에서 많게는 40만 명의 조선인 청년들이 전선으로 끌려갔던 것입니다.

〈조건〉

도움이 되는 글

미야타 세츠코 지음, 이형낭 옮김, 『조선민중과 황민화 정책』, 일조 각, 1997.

조건, 「전시 총동원체제기 조선 주둔 일본군의 조선인 통제와 동원」, 동국대 박사학위논문, 2015.

김상규, 「전시체제기(1937~1945) 조선주둔일본군 兵事部의 설치와 역할」, 『한국근현대사연구』 67, 2013.

중요한 낱말 | ★

징병, 징병제, 지원병제도, 황민화, 조선 주둔 일본군, 미나미 지로(南次郎), 육군특별지원병제도, 조선청년체력검사, 중일전쟁

남서해안에 일본군의 군사시설물이 본격적으로 건설되기 시작한 것은 1944년 12월 말 일본군 방위총사령부(防衛總司令部)의 '조선축성계획(朝鮮築城計劃)'에서 비롯됩니다. 이에 따르면 남선(南鮮) 연안 지구의 선박 항행 및 정박지를 엄호하고, 연안 방비를 강화하며, 아울러 주정(舟艇) 기지를 건설하도록 되어 있었습니다. 한반도에 주둔했던 일본군은 1945년 초 현지 정찰을 마치고 예하 부대를 투입하여 시설물 구축에 들어갔습니다.

일본군의 군사시설물이 건설된 한반도 남서해안의 주요 장소로는 부산·목포·군산·여수를 비롯하여 진도와 해남반도, 그리고 남해도·거문도·추자도·비금도·자은도 등 도서지역을 들 수 있습니다. 이들은 상륙하는 미군을 막으려는 포대와 벙커 등 방어 시설과, 항공기 및 잠수함 경계를 위한 감시용 건축물, 수송이나 자살 공격용 주정를 감추려는 목적으로 파놓은 해안 동굴 등으로 나누어집니다.

방위총사령부의 조선축성계획은 다음의 세 단계에 걸쳐 시행되었습니다. 첫째는 해상 교통 보호로 제주도와 목포·여수 일대의 선박 항행 및 정박지 엄호를 위한 임시 포대 구축을 추진하는 것입니다. 둘째는 해안 방어로 임시 포대의 엄호 및 미군의 상륙을 막기 위한 시설물을 건설하는 일이었습니다. 이에 따라 제주도에 보병 5개 대대, 목포에 보병 2개 대대, 그리고 군산 부근에 보병 1개 대대 가량의 병력이 배치되었습니다. 셋째는 주정기지의 건설이었습니

다. 미군의
잠수함 공격
을 피해 남서
해안 일대의
수송 항행을
보장받기 위
해서는 소형
주정을 이용
해야만 했는
데 이들을 은
닉할 수 있는

* 「群山·木浦附近沿岸防禦配備要圖」, 『第17方面軍作戰準備史』(防衛省 防衛研究所 所藏資料.)
* 지도에 보이는 알파벳 □는 보병부대를 A는 야포, BA는 산포부대를 나타내고 화살표는 포문의 방향을 표시한 것이다. 세로로 긴 삼각형 모양의 표식이 그려진 곳이 주정기지의 위치이다.

기지가 필요했던 것입니다.

남서해안의 군사시설물 건설은 제주도의 경우 유수(留守) 제30사단이, 목포와 군산지구는 유수(留守) 제20사단이 맡는 것으로 되었고, 1945년 3월 말 대략 완성된 것으로 보입니다. [그림 12]에 나타난 바와 같이 목포를 중심으로 해안 일대에 배치된 일본군 병력은 미군 상륙을 대비한 해남반도(海南半島) 일대의 보병 1개 대대, 경계기(警戒機; 항공기의 내습을 고주파 신호를 이용해 탐지하는 장비) 엄호를 위한 비금도(飛禽島)의 보병 4개 소대(1개 중대에 1개 소대 추가), 수로(水路) 폐쇄를 임무로 한 가사도(加沙島) 보병 1개 중대와 자은도(慈恩島)의 보병 2개 소대, 그리고 주정기지를 엄호하기 위한 거문도(巨文島)와 추자도(楸子島)에 각각 보병 1개 중대 등이었습니다.

지도에는 부대 주둔 위치와 방어 및 수로 폐쇄를 위한 포대의 방향, 그리고 주정기지의 위치가 대략적으로 표시되어 있습니다. 특히 주정기지가 영산강 하구와 비금도 · 자은도 사이, 노화도(盧花島), 추자도, 거문도, 그리고 남해도(南海島) 남서쪽에 각각 위치하고 있음을 알 수 있습니다.

그림 13 목포 고하도 주정기지(2015.8.21 필자 촬영)

한편 주정기지에 보관했던 일본군 주정은 크게 '다이하츠(大發動艇)'와 '쇼하츠(小發動艇)' 두 종류가 있었습니다. 이름대로 다이하츠는 전장 15미터 내외, 전폭 3미터 내외로 다소 컸고, 쇼하츠는 전장 10미터 내외로 다이하츠에 비해 작았습니다. 당시 강제동원되었던 피해자들의 진술에 따르면 해안 동굴은 10~15미터 내외로 굴착했는데 이를 통해서도 이것이 다이하츠나 쇼하츠의 정박 · 엄폐를 위한 시설물이었음을 알 수 있다.

그러나 이러한 시설물은 주정기지 외의 용도로 사용하기 위해 구축되었을 가능성도 있습니다. 즉 다이하츠는 일본 육군이 사용하던 병기로 [그림 12]는 육군 측의 방비 상황을 나타내고 있으며, 해군이 구축했던 시설물들은 표기되어 있지 않습니다. 더구나 일본군 해군은 전쟁 말기 연합군을 상대로 다양한 종류의 해상 자살

공격을 감행했는데, 어불도의 해안 동굴 등은 이러한 자살 공격용 병기를 엄폐하기 위한 시설로 구축되었을 개연성도 있습니다.

그림 14 야스쿠니신사 유슈칸에 보관되어 있는 가이텐

일본 해군의 자살 공격은 잘 알려진 공중의 '신푸(神風) 특공대' 외에 수중(水中)과 수상(水上)에서도 자행되고 있었다. 수중용 특공 병기로는 인간 어뢰 가이텐(回天)을 비롯하여, 특수잠항정 가이류(海龍), 인간 기뢰 후쿠류(伏龍)가 있었고, 수상용으로는 폭장특공정(爆裝特攻艇) 신요(震洋), 육탄공격정(肉薄攻擊艇) 마루레(マルレ) 등이 있었습니다. 실제 제주도에는 가이텐대(回天隊)와 신요대(震洋隊)가 주둔하기도 했다고 합니다.

남서해안 일본군 군사시설물을 언급할 때 잊지 말아야 할 것은 이들의 건설에 수많은 한인들이 군인·군속 형태로 동원되어 피해를 입었다는 사실입니다.. 다음의 표는 해방 당시 전라남도 남서해안에 주둔했던 일본군 육군 부대 현황입니다.

해방 당시 전라남도 남서해안 주둔 일본군 현황

부대고유명	편성년월일	통칭호	편성부터 종전까지	종전시의 위치 및 행동
특설경비 제464대대	1944.2.9	築7476	2.19~8.20 목포	목포
특설경비 제411중대	1945.2.25	築7442	2.20~8.20 경성	진도
제36야전근무대 본부	1945.3.20	築12761	3.20~8.20 경성	목포, 제주도 지구
육상근무 제168중대		築12764		추자도
육상근무 제169중대		築12765		가지도(?)
육상근무 제171중대		築12767		고하도
육상근무 제172중대		築12768		목포
독립혼성 제40연대	1945.1.28	築29121	6.20~8.20 여수	여수
여수요새사령부	1941.7.20		7.16~8.20 여수	여수
여수요새 중포병연대		築7401	7.16~8.20 여수	여수
특설경비 제416대대	1945.2.23	築7486	2.20~8.20 보성	보성
건축근무 제41중대	1943.8.11	築3027	8.18~5.20 만주, 6.20 제주도	45.7.10 제주도로 항행 중 해몰 (502명)
제150사단 보병 제430 연대	1945.5.27	護朝22504	45.5~45.8 목포	목포
제160사단 보병 제462 연대	1945.4.15	護朝22904	45.4~45.8 군산	군산
제160사단 보병 제463 연대	1945.4.15	護朝22905	45.4~45.8 여천	여천
독립철도 제20대대	1945.5.3	路4356	45.5~45.8 순천	순천
특설육상근무 제109중대	1944.12.18	朝8882	44.12~45.2 마산, 45.2~45.8 목포	목포
육상근무 제180중대	1945.5.13	朝12782	45.5~45.8 군산	군산
육상근무 제183중대	1945.5.13	朝12785	45.5~45.8 여수	여수
군산 육군병원	1945.6.29		군산	군산, 45. 10. 18 일본에서 복원
여수 육군병원	1941.7.16		41.7~45.8 여수	여수
제159경비대대	1945.3.5	朝鮮7060	45.3~45.8 순천	순천, 45. 11. 4 일본에 서 복원
제405 특설경비공병대	1944.10.6	朝鮮7447	44.10~45.8 군산	군산

표의 부대들을 살펴보면 해안 경비를 주임무로 했을 제150사

단과 제160사단의 보병 연대들을 비롯하여 근무부대나 경비부대
가 주를 이루고 있는 것을 알 수 있습니다. 이곳에 주둔했던 일본
군 부대들은 미군의 상륙을 방어하기 위한 경계나 군사시설물 구
축에 주력하고 있었던 것입니다. 특히 건축근무부대나 육상근무
부대의 경우 간소한 군사훈련을 거친 뒤 해방 될 때까지 노역에만
종사한 경우가 대다수였습니다. 이른바 굴 파러 군대 갔던 사람들
이었습니다.

　동원 피해자들의 증언에는 앞서 살펴보았던 남서해안의 다이하
츠 주정기지에 대한 진술을 여러 곳에서 확인할 수 있습니다.

　　바닷가에서다가 머슬 한고 하니 바닷가에서 거시기를 쳐요. 저
　터널을 맨들아. 그래가지고는 그리 다이하스라고 상륙정이 들어
　가는 굴을 맨들어요. (중략) 굴을 파잖아요. 목포 가는 배는 인자
　목포 가는 입구에는 막 굴을 팠어요. (중략) 상륙정이 어떻게 생겼
　는고니 앞 뒷이 없어요. 그런 것도 아니고 앞뒤 없이 이리도 탈 수
　있고 요리도 탈 수 있고 그게 상륙정. 다이하스라고 그것보고 다
　이하스라고 그랬다. 일본말로 다이하스. 꽉 차 부렀어. 목포도 그
　서 얕찬 데도 그것이 올라 갈 수 있거든요 그것이.[16]

　증언에서 연신 '다이하스'라고 말하는 상륙정은 앞서 살펴보았
던 일본군의 대표적인 상륙용 주정 다이하츠를 가리킵니다. 일본
군은 강제 징집한 한인들을 별다른 보호장구도 없이 해안 동굴 구
축에 동원했고, 한인들은 곧 닥칠 미군의 상륙이 무엇을 의미하는
지 모른 체 그저 '다이하스'를 넣을 동굴을 팠습니다. 하물며 이들
동굴 중에는 자살 공격을 준비하기 위한 것들이 있었을 수도 있습

16) 『강제동원구술기록집 굴파러 군대 갔어!』, 일제강점하강제동원피해진상규명위
　　원회, 2008, 23~24쪽.

니다. 남서해안의 일본군 군사시설물에는 한인들의 노동력뿐만 아니라 목숨까지 빼앗으려 했던 일제 식민 통치의 잔혹함이 아직도 서려있습니다.

※ 이글은 2015년 제6회 전국해양문화학자대회(2015.8.20~23)에서 발표한 내용의 일부를 수정한 것입니다.

〈조건〉

도움이 되는 글

일제강점하강제동원피해진상규명위원회, 『일제시기 조선 내 군사시설 조사』, 2008.

『강제동원구술기록집 굴파러 군대 갔어!』, 일제강점하강제동원피해진상규명위원회, 2008.

신주백, 「1945년 한반도 남서해안에서의 '본토결전' 준비와 부산·여수의 일본군 시설지 현황」, 『군사』 70, 2009.

중요한 낱말 | ★

남서해안, 주정기지, 다이하츠(大發), 쇼하츠(小發), 자살 공격, 군사 시설, 조선축성계획, 해남반도, 목포, 유수 제20사단, 유수 제30사단, 경계기, 수로 폐쇄, 가이텐대, 신요대

군속편 3장

Q&A_07 일본 해군으로 동원된 한인 군속들은 얼마나 되나요?
Q&A_08 해군 군속과 관련한 명부에는 어떤 것들이 있나요?
Q&A_09 군속으로 동원된 조선인들은 얼마나 사망했나요?

현재까지 얼마나 많은 '조선인'들이 일본 해군의 군속으로 동원 되었는지 자료상의 한계로 정확하게 파악되지는 않습니다. 따라서 현재까지 확인된 자료만을 통해서 파악할 수 밖에 없습니다. 현재 일본 해군의 군속으로 동원된 조선인들의 동원지역과 규모를 파악 할 수 있는 자료는 구일본해군 조선인 군속 관련 자료(舊日本海軍 朝鮮人 軍屬 關聯 資料, 2009)(이하 '군속자료(2009)')가 유일합 니다. 여기서 확인되는 약 7만8천명 중, 동원지역이 기재된 7만3 천여 명의 동원지역과 규모를 정리하면 다음 표와 같습니다.(문서 에서 동원지역이 확인되지 않는 인원은 제외합니다.)

'군속자료(2009)' 동원 지역과 동원 인원수

	지역	인원	지역	인원	비고
	일본	46,714			(63.4%)
	조선	7,420			(10.1%)
	중국	331			
태평양 지역	마리아나 제도	2,199	뉴기니아	1,390	16,928 (23.3%)
	마샬 제도	7,427	비스마르크 제도	2,024	
	캐롤라인 제도	981	솔로몬 제도	108	
	팔라우 제도	1,227	웨이크	49	
	길버트 제도	935	사모아 제도	1	
	나우르	587			
동남아시아 지역	인도	82	인도차이나	365	2,368 (3.2%)
	인도네시아	523	필리핀	1,398	
계				73,671	

즉 일본 해군의 조선인 군속들은 일본 본토는 물론이고 조선·
대만·'남양군도'와 같이 기존에 점유하고 있던 지역을 비롯하여,
태평양 전쟁 당시 일본이 침략 점령한 거의 모든 지역으로 동원된
것을 알 수 있습니다. 이들은 일본 해군 산하의 각종 부대 및 부서
에 소속되었습니다. 주로 일본 해군의 군사시설 구축 관련 토목 건
축 업무를 담당한 해군설영대(海軍設營隊), 해군시설부(海軍施設
部) 등을 비롯하여 공창과 연료창 등과 같은 군수품 생산 관련 부대
부서에서 노역을 착취당하였습니다.

한편 동원 지역별로 이들의 동원 시기에 차이를 보입니다. 전쟁
초기 일본이 우위를 점한 1942~43년 시기에는 주로 침략·점령
지역으로, 이에 반해 미군의 반격으로 일본의 패퇴가 본격적으로
진행되어 패전에 이르는 1944~45년 사이에는 주로 일본 본토 지
역으로 많이 동원됩니다.

'군속자료(2009)' 지역별 동원시기

동원년도	1942	1943	1944	1945	계
일본 지역 동원인원 (비율)	4,180 (11.5)	2,446 (6.8)	14,705 (40.6)	14,731 (40.7)	36,207
일본 외 지역 동원인원	9,582	6,206	4,899	142	
전체 인원 중 일본 지역의 동원 비율	30.4	28.6	75.0	99.1	

일본 본토 지역으로 가장 많은 인원이 동원되는 것은 일본 본토
지역에 진수부(鎭守府)·경비부(警備府)와 같은 주요 해군 기관들
이 존재하고 전쟁 수행을 위한 주요한 후방 근거지라는 특성을 지
님과 동시에 전쟁 말기 소위 '본토결전'을 위한 다수의 군사시설 구
축의 필요성에서 비롯된 것으로 파악됩니다.

한편 식민지였던 조선에 생각보다 많은 7천여 명이 동원되는 것은 당시 한반도 내에 위치한 진해경비부와 평안남도 평양 일대에 석탄 채굴을 위해 설치된 제5연료창의 존재로 인한 것입니다. 당시 진해경비부에는 3천5백여 명이 동원되었고, 제5연료창에는 약 4천명이 '광원(鑛員)'으로 석탄 채굴에 투입되었습니다.

〈심재욱〉

도움이 되는 글

심재욱, 「전시체제기 조선인 해군군속의 일본 지역 동원 현황 – 구일본해군 조선인 군속 관련 자료(2009)의 데이터 분석을 중심으로」, 『한국민족운동사연구』 81, 2014.12.

중요한 낱말 ┃ ★

군속, 설영대, 시설부, 공창, 연료창

08 Q&A 해군 군속과 관련한 명부에는 어떤 것들이 있나요?

현재까지 일본 해군의 군속으로 동원된 조선인 관련 자료는 한 가지이나 입수시기에 따라 두 가지로 구분할 수 있습니다. 첫 번째는 1990년대 일본 정부가 약 48만 명 분에 이르는 다수의 강제동원 관련 '명부'자료들을 한국 정부에 사본으로 제공할 당시 입수한 '구해군 군속신상조사표(舊海軍軍屬身上調查表)'입니다. 두 번째는 2009년 '일제강점하강제동원피해진상규명위원회'가 일본 외무성으로부터 입수한 구일본해군 조선인 군속 관련 자료(2009)입니다. 첫 번째 자료가 [그림15]와 같은 동명의 '군속신상조사표(軍屬身上調查表)'로 구성되어 있는 반면 두 번째 자료는 '군속신상조사표'를 비롯하여 [그림16~19]과 같은 다양한 문서들이 함께 편철되어 있습니다.

그림 15 '군속조사표'의 형태(左-귀환자, 右-사망자)

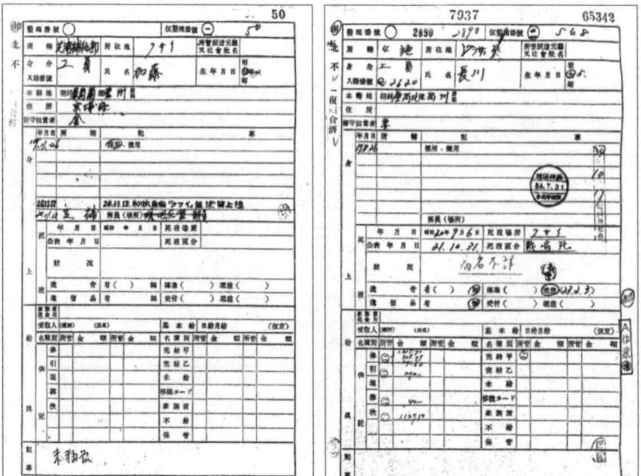
50

7937 65342

2890

그림 16 공탁금 문서

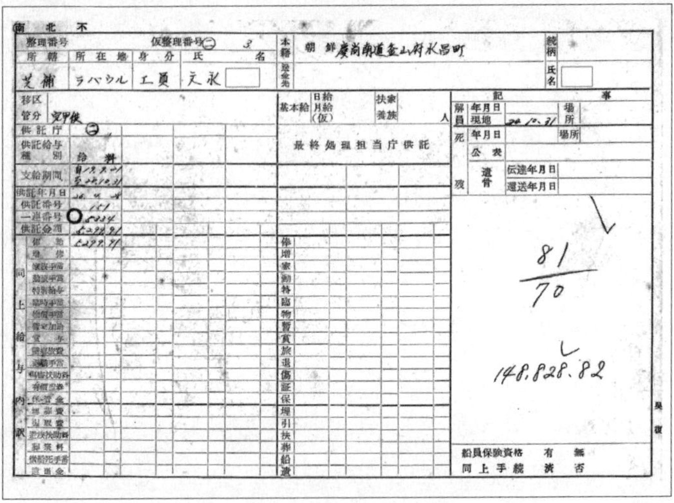

그림 17 해군공원명부

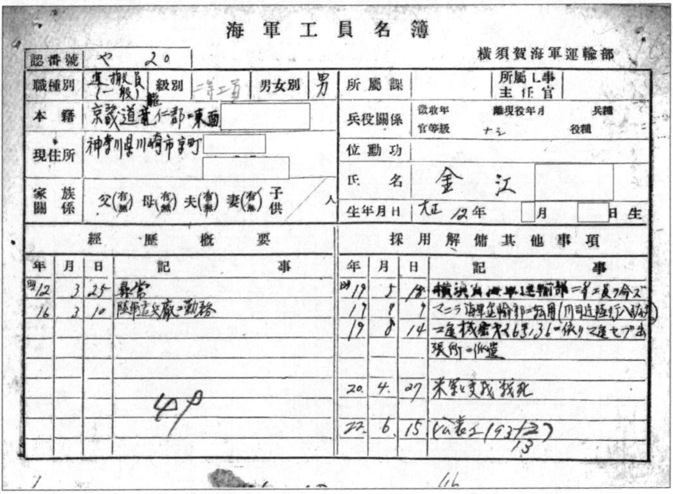

그림 18 군속사몰자조사표 및 (군인 · 군속)사몰자조사표

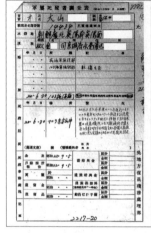

(가) 군속사몰자조사표 (나) (군인 · 군속)사몰자조사표

그림 19 (a)전몰자조사표 및 (b)전몰자조사표

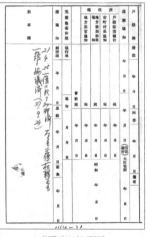

(a)전몰자조사표(앞면) (a)전몰자조사표(뒷면)

(b)전몰자조사표

　　두 자료 모두 약 7만8천 명에 이르는 조선인 군속의 개인별 기록으로 편철되어 있으나, 2009년 입수 자료가 다양한 문서로 구성되었다는 점과 문서의 내용이 기재된 시기를 확인할 수 있다는 점에서 보다 높은 자료적 가치를 띄고 있습니다.

　　이 중 주된 문서인 '군속조사표'와 '공탁금 문서'의 경우 대체로 1950년대 후반 무렵 '관계국과의 외교상 필요'에 따라 일본 정부가 작성한 것으로 보이며, 이후 계속적인 추가 기재가 이루어지고 있는 것으로 판단됩니다.

　　각 문서들은 여러 항목으로 구성되어 있는데, 이중 근간을 이루는 '군속조사표'의 항목과 내용은 다음의 표와 같습니다.

'군속조사표'의 항목과 내용

기재항목					내용 [비고]	구분
(1)南北不					본적지를 기준으로 남한과 북한을 구분. 확인 불능 시에는 不 [표 밖, 문서 왼쪽 여백에 존재. 해당 내역 체크]	(가) 지역 구분 및 일련 번호
(2)整理番號					해당 인원의 자료를 정리하면서 부여한 번호로 추정 [복원 담당 기관의 약부호(二·橫 등)을 표시한 ㅇ가 존재]	
(3)假整理番號					해당 인원의 자료를 정리하면서 임시로 부여한 번호로 추정 [(2)와 동일]	
(4)所轄					소속 기관	(나) 소속 관계
(5)所在地					강제동원 이후 파견된 지역명	
(6)所管派遣元廳 또는 會社名					현 소속으로 동원·파견되기 전에 소속된 기관명 또는 회사명	
(7)身分/入籍番號					동원 신분/군속명부에 기재된 번호(일종의 '군번') 추정	(다) 인적 사항
(8)氏名					창씨명	
(9)生年月日					생년월일 기재 [일본 연호인 明·大·昭에 의거하여 기재]	
(10)本籍地					본적지 주소 [朝鮮이 인쇄되어 있음]	
(11)住所					현주소	
(12) 身 上	①年月日				동원 일시, 소속 기관명 및 관련 내용, '解員'일시 및 장소 관련 내용 [총 7줄로 구성. 복무사항 변경 내용 기재. 첫째 줄에는 '採用·徵用'이 인쇄되어 관련 여부 체크. 마지막 줄에는 '解員(場所)'가 인쇄]	(라) 복무 사항
	②所轄					
	③記事					
	④ 死 歿	⊙年月日			사망 연월일	(바) 사망 내역
		ⓛ死歿場所			사망 장소	
		ⓒ公表年月日			사망이 공식적으로 인정된 시점	
		ⓔ死歿區分			사망 형태 ['戰死, 戰傷死, 戰病死'등으로 기재]	
		ⓜ狀況			사망 당시의 상황과 원인	
		ⓗ遺骨 有無	ⓐ傳達	유골 존재 여부 체크	유골의 유족 전달 시기 [유골 존재 시 기재]	
			ⓑ還送		한국에 보낸 유골의 반송 시기 [ⓐ와 동일]	
		ⓐ遺留品 有無	ⓒ交付	유류품 존재 여부 체크	유족에게 遺留品를 교부한 시기 [유류품 존재 시 기재]	
			ⓓ還送		한국에 보낸 유류품의 반송 시기 [ⓒ와 동일]	

	⑤家族渡送金先	給與 관련 금액의 송금처 주소			
	⑥受取人	송금 급여 수취인의 이름과 동원자와의 관계			
	⑦基本給	일급, 월급 체크 및 금액 [임시 산정 여부 체크]			
	⑧ 供 託	⊙俸	봉급	「所管·金額기재란 2개씩 존재」	(사) 급여 및 공탁 사항
		㋡引	유골인수비용(引取費)		
		㋥埋	매장비		
		㋭葬	장례비		
		㋞扶	유족 扶助料		
⑬ 給 與	⑨完結甲	급여지급의 자료(지불증빙서류 등)에 의해 본인 및 유족에게 급여지급이 완료된 것(공탁 완료된 것 포함)		
	⑩完結乙	급여지급의 자료(지불증빙서류 등)는 없지만, 소속 부대에서 지급이 완료되었다고 생각되는 것		
	⑪未給	미불된 급여		
	⑫移牒カード(카드)	본인·유족에게 일부 지급되었거나 미급여금이 있는 경우, 일부 공탁이 완료되었지만 아직 미급여금이 있는 경우 및 (국민저금조합)저금보관자로 봉급은 저금으로 보관하고 있지만 사몰급여금 지출이 완료되지 않은 경우 등에 해당되는 자의 카드		
	⑬家族渡	급료 및 보상금을 포함하여 유족에게 송금한 봉급		
	⑭不給	지급해야 할 급여금이 없는 경우		
	⑮保管	저금이 보관되어 있는 경우		
⑭記事		'군속조사표'를 작성한 이후 추가 기재 내용이 또는 관련 내용들을 기재			(아) 추기
㊀一復照合濟		제1復員局의 자료 조회 완료			(자) 기타
㊁靖國神社合祀手續濟 스탬프		야스쿠니(靖國)신사로의 합사수속 완료			
㊂靖國神社合祀濟 스탬프		야스쿠니 신사에 합사 완료			
㊃船管委照合濟 스탬프		船舶管理委員會 조회 완료			

언제·어디서·어디로 강제동원 되어, 어느 부대·부서 소속으로, 어디서·언제까지, 어떤 노역을 행하였고, 언제·어디서·어떻게 사망·부상 당하였고, 언제 귀환하였는가와 같은 강제동원의

실태를 파악할 수 있습니다. 여기에 해당 자료에 대한 분석과 연구의 필요성이 있는 것입니다.

한편 '군속조사표' 이외에도 「공원명표(工員名表)」, 「육군운수부공원명표(陸軍運輸部工員名表)」 등과 같은 군속 동원 관련 명부들이 존재하는데, 이들 자료들은 강제동원의 또 다른 동원형태였던 군인, 노무자 관련 명부자료들 보다 다양한 항목으로 구성되어 있어, 동원실태에 대한 보다 풍부한 내용을 확인할 수 있다는 점에서 의의를 지니고 있습니다.

〈심재욱〉

도움이 되는 글

심재욱, 「[舊日本海軍 朝鮮人軍屬 關聯 資料(2009)]의 微視的 分析」, 『한일민족문제연구』 24, 2013.

중요한 낱말 | ★

구해군군속신상조사표, 공탁금 문서, 해군공원명부, 사몰자조사표

구일본해군 조선인 군속 관련자료(2009)에 의하면 조선인 군속들의 사망 피해는 전체 7만8천여 명 중 약 16.4%에 이르는 13,023명이 확인됩니다. 단순히 계산하면 약 6명 중 1명이 사망한 것입니다. 물론 해당 인원 중 일부, 특히 '옥쇄'라 부르는 전멸 지역에서 사망한 자들의 경우는 전후 일본 정부의 일괄 저리로 인하여 '사망자'로 기재되었으나 실제로는 '생환(生還)'한 경우가 존재하기도 하나, 다수가 희생당하였음은 부정할 수 없는 사실입니다.

이들 조선인 군속들의 사망 원인은 다양합니다. 그 중 연합군과의 직접적인 육상 전투로, 그리고 직접적인 육상 전투는 없었으나 연합군의 포위 작전으로 보급이 두절되어 질병 및 영양실조로 사망한 사례가 대표적입니다.

'군속자료(2009)'의 사망지역 분포

대지역	인원	소지역	인원	비고	소지역	인원	비고
태평양	6,469	길버트 제도	1,121	직접 전투	비스마르크 제도	179	간접 전투
		나우르	74	간접 전투	솔로몬 제도	99	직접 전투
		뉴기니아	1,386	직접 전투	웨이크	72	간접 전투
		마리아나 제도	1,100	직접 전투	캐롤라인 제도	223	간접 전투
		마셜 제도	1,516	직·간접 전투 혼재	팔라우 제도	699	직접 전투
동남아시아	764	인도	2	간접 전투	인도차이나	8	간접 전투
		인도네시아	98	직접 전투	필리핀	656	직접 전투
일본	728			직·간접 전투 혼재			
조선	12			비전투			
중국	5			간접 전투			

즉 태평양 지역의 사망률이 38.2%로 가장 높고, 동남아시아 지역이 32.3%로 그 다음을 차지하고 있습니다. 이 두 지역의 사망

률은 전체 사망률(16.4%)의 2배 이상으로 3명 중 1명 꼴로 사망하였다는 것을 파악할 수 있습니다.

한편으로 작전 지역 및 일본 본토로의 이동 과정에서 승선한 선박이 연합군의 공격으로 침몰하면서 일거에 다수가 바다에 수장당하기도 하였습니다. 이러한 형태로 사망한 인원의 경우 약 3천 6백명으로 전체 사망자(13,023명)의 약 27.43%를 차지하고 있습니다.

현재까지도 침몰 원인을 놓고 한일 양국 간에 뜨거운 쟁점을 이루고 있는 우키시마마루(浮島丸)을 제외하고도, 486명의 사망기록이 확인되는 하치로가타마루(八郎潟丸)를 필두로 백 명 이상의 피해가 나타는 사례가 8건, 10명 이상 100명 이하의 사망 사례가 20여 건 이상 확인됩니다. 이와 같은 선박 침몰 사망의 주요 사례는 다음과 같습니다.

'군속자료' 상의 승선선박 침몰 사망자 주요 현황[17]

선박명	침몰일시	자료상의 사망 인원	침몰 원인	船種	총톤수	침몰 위치	일본측 기록의 사망수
八郎潟丸	1944. 09. 26	486	被雷	貨物船	1,999	千島 열도 부근	多數
白陽丸	1944. 10. 25	322	被雷	貨物船	5,742	千島 열도 부근	1,312
廣順丸	1944. 08. 08	314	被雷	貨物船	1,931	민다나오 부근	
辰武丸	1943. 05. 10	248	被雷	貨客船	7,068	사이판 부근	미기재
門司丸	1944. 06. 15	242	空襲	貨客船	3,836	사이판 부근	미기재
2長安丸	1944. 05. 10	179	被雷	貨客船	2,631	마리아나 부근	12
千早丸	1943. 11. 02	150	避雷	貨客船	7,087	高知縣 부근	미기재
靖國丸	1944. 01. 31	109	被雷	화객선	11,933	도라쿠 부근	888
北陸丸	1944. 03. 18	96	避雷	화객선	8,359	남중국해	33

17) 본 표는 '舊海軍軍屬資料'의 사망자 데이터를 중심으로 『太平洋戰爭喪われた日本船舶の記録』의 데이터(침몰 원인, 船種, 침몰 위치, 편수사망자수)를 참조하여 작성하였다. 이외에도 다수의 '조선인 군속'의 '침몰 사망' 사례가 확인되나 그 인원이 작아 본고에서는 생략하였다.

香洋丸	1944. 02. 23	88	避雷	화물선	5,471	鳥島 근해	1,046
笠置丸	1944. 01. 27	82	避雷	화객선	3,140	八丈島 부근	468
鎌倉丸	1943. 04. 25	60	避雷	화객선	17,526		2,000
長和丸	1945. 05. 01	50	避雷	화물선	2,719		미기재
明石山丸	1944. 03. 02	43	避雷	화물선	4,541	擇捉島 근해	미기재
岩代丸	1943. 01. 13	39	避雷	화물선	3,550	콰잘린 근해	미기재
會東丸	1943. 12. 19	37	공습	화물선	2,475	도라쿠 근해	262
白根丸	1944. 05. 05	34	避雷	화물선	2,825	紀伊 반도 근해	443
大慈丸	1944. 07. 13	31	避雷	화물선	2,813	父島 근해	359
山西丸	1943. 12. 08	31	避雷	화객선	3,266	本州 동방 부근	미기재
滿泰丸	1944. 07. 16	27	避雷	화물선	5,864	루손 북방	72
乾陽丸	1943. 02. 23	26	避雷	화물선	6,486	사이판 근해	160
藏王山丸	1945. 06. 18	25	避雷	화물선	2,631	千島 부근	7
宇洋丸	1943. 12. 21	17	避雷	화물선	6,376	豊後水道 남방	387
昌仁丸	1943. 06. 20	17	避雷	화물선	4,739	臺灣 해협	미기재
天草丸	1944. 11. 22	16	避雷	화물선	2,345	◇那國島 서방	498
브라질丸	1942. 08. 05	13	避雷	화객선	12,752	도라쿠 근해	미기재
3郵船丸	1944. 07. 20	12	避雷	화물선	193	小笠原 제도 근해	미기재
海平丸	1943. 04. 16	12	避雷	화물선	4,575	南鳥島 근해	미기재
近江丸	1942. 11. 27	10	避雷	화객선	3,394	포나페 근해	127

〈심재욱〉

도움이 되는 글

심재욱, 「'태평양전쟁'기 일본 화물선 침몰과 조선인 舊海軍 군속의 사망피해」, 『한국민족운동사연구』 85, 2015.

중요한 낱말 | ★

선박 침몰, 침몰 사망, 영양실조, 질병, 우키시마마루, 하치로가타마루

동원일반편 **4장**

Q&A_10 국민의용대란 무엇인가요?
Q&A_11 어린 아이들도 강제동원되었다는 게 사실인가요?

국민의용대란 아시아태평양전쟁 말기에 일본본토결전 과정에서 방공(防空)과 공습피해복구 등에 전 국민을 동원하기 위해 일본정부가 만든 국민조직입니다. 1945년 3월 23일 일본 각의결정 「국민의용대 조직에 관한 건」 (1945년 3월 23일 결정, 3월 24일 발표)을 근거로 탄생했습니다. 각의결정에서는 '국민의용대'라는 용어를 사용했으나 일본 사회에서는 '의용봉공대'도 함께 사용되었습니다. 1945년 3월 24일 아사히(朝日)신문 기사에 '의용봉공대(義勇奉公隊)'로 발표했는데, 이유는 각의결정 회의 자료에 '의용봉공대'라는 용어로 상정되었다가 '국민의용대'로 수정했기 때문입니다. [18]

그림 20 각의결정 당시 논의된 자료(일본 아시아역사자료센터 제공)

18) http://rnavi.ndl.go.jp/politics/entry/bib00623.php

의용대의 사전적 의미는 '국가나 사회의 위급 상황에서 자발적 참여로 조직되는 군대'입니다. 조선시대와 구한말의 '의병'을 연상하게 하는 용어입니다. 가장 긍정적인 의용대 이미지는, 최근 영화 '암살'이나 '밀정'을 통해 한국 사회에 다시 관심을 불러일으킨 '조선의용대'가 될 것입니다.

근대 전쟁에서 의용군과 의용대는 낯선 용어가 아닙니다. 제1차 세계대전과 제2차 세계대전 시기 유럽이나 미국에서도 의용대는 존재했습니다. 그러나 아시아태평양전쟁 말기 일본에서 탄생한 의용대는 민간이 자발적으로 '스스로 나서서 조직'해야 하는 의용대를 정부 차원에서 법과 제도를 마련해 활용하고자 한 사례였습니다.

물론 이런 방식도 아시아태평양전쟁 말기 일본이 유일했다고 보기는 어렵습니다. 일본과 동일하지는 않지만 제2차 세계대전 추축국이었던 독일과 이탈리아에서 의용대는 관제 성격에서 자유로울 수 없었고, 연합국측에서 첩보요원을 의용대로 포장한 사례도 있기 때문입니다.

아시아태평양전쟁 시기 제국 일본 영역에서 의용봉공대라는 명칭은 만주국에서 먼저 사용했습니다. 만주국에서는 1937년 8월에 만주협화회 소속 산하단체의 하나로써 만주협화봉공대를 창설했는데, 이후 '협화의용봉공대'라고도 불렀습니다. 1942년말에는 52만명 규모였습니다. 만주국은 1943년부터 국민근로봉공제를 실시해 현지주민들에게 1년 이내 근로봉사의 의무를 지도록 했습니다.

타이완에서도 유사한 명칭의 조직이 있었습니다. 타이완은 전

도민을 대상으로 1941년에 '황민봉공대'를 결성했습니다. 타이완 도민은 물론이고 타이완에 거주하는 일본인도 황민봉공회에 가입해야 했습니다. 중앙본부는 타이완총독부에 설치하고 본부장은 총무장관이 겸임했으며 중앙본부 아래에 사무국, 운영위원회, 중앙실천협력회의, 지방사무국연락회의 등을 두었습니다. 지방조직으로는 주와 청(廳)에 지부를, 시군에 지회를, 가장(街庄)에 분회를 두고 부락회와 봉공반 등을 설치했으며 기존의 보갑(保甲)제도도 흡수했습니다. 산하단체로 대일본부인회 타이완지부, 타이완청소년단, 타이완산업봉공회, 봉공장년단 등을 두었습니다.

■ 1945년 일본의 국민의용대 제도

1942년 4월 19일, 미 두리틀 폭격기 16대가 일본 상공에 나타나 폭탄을 퍼붓고 사라진 이후, 소강상태를 보이던 미군의 공습은 1944년 6월부터 본격적으로 시작되었습니다. '제국의 수도'라 불리던 도쿄는 물론이고 일본 주요 도시는 소이탄의 공격으로 초토화되어 갔습니다. 패전 직후인 1945년 8월 23일 내무성 방공총본부가 발표한 결과에 의하면, 100만명 이상의 사상자를 낸 도시가 전국 94개였고, 사망자가 26만명, 부상자가 42만명, 이재민이 920만명이었으며, 가옥 소실이 230만호였습니다.

도시에 대한 공습은 일본 군부는 물론이고 국민들에게도 위력적이었습니다. 국민들이 패전이 임박했음을 느끼는 효과가 있었습니다. 특히 1945년 3월 9일 밤 부터 10일에 걸친 공습으로 도쿄 시민 10만명의 목숨을 앗아간 도쿄대공습은 단순한 공포를 넘어선 절망을 안겨주었습니다. 미군의 대규모 공습은 그들이 생활하는 도시를 초토화했을 뿐만 아니라 무력한 일본군의 실체를 그대로 경험한 기회였기 때문입니다. 가옥은 물론 아스팔트와 철로까지 녹이는 소이탄 공습 앞에 일본 군부는 무력했고, 민중은 패닉 상태에 빠졌습니다.

그동안 일본정부는 1938년 4월 국가총동원법 제정 공포를 시작으로 국민징용령(1939년), 국민근로보국협력령(1941년), 노무조정령(1942년) 등 하위 법령을 제정해 본토와 식민지, 점령지의 인력을 동원했고, 국민정신총동원연맹 등 국민조직을 운영했습니다. 그러나 1945년 3월 6일, 국민징용령 등 인적동원 관련 5개 칙령을 폐지하고 통합한 국민근로동원령을 공포한 후 4월부터 식민지 조선인이 노무자와 군인, 군무원의 이름으로 징발되어 바다를 건너는 일은 멈췄습니다. 남은 일은 일본 본토를 지키기 위한 결전이었습니다.

이미 일본 본토의 물자는 바닥이 났으며, 해상은 봉쇄되어 외지의 물자도 들어올 수 없었고, 전쟁경제는 완전히 무너졌습니다. 일본 본토는 미군의 공습에 무방비 상태로 방치되어 더 이상 버틸 힘은 없었습니다. 그런 상황에서 일본 본토에 대한 대규모 공습은 계속되고 있었고, 이제 민중이 할 수 있는 일은 도시를 포기하고 시골로 피하는 일[疏開] 밖에 없었습니다. 이 상황에서 일본정부가 꺼내든 마지막 대응 카드는 주민 대피가 아니라 국민의용대였습니다.

1945년초 부터 일본 육군성은 '관민 의용병조직'이나 '국민전투조직'에 대해 연구를 계속했는데, 이 단계에서 '확실하게 안을 확정'하지는 못했습니다. 육군성이 구체안을 확정하지 못한 이유는, 국민조직을 전면적으로 군 작전전투에 조직 운용하는 일이 국민의

권리와 의무에 미치는 영향이 컸고, 법적 근거가 절대 조건이었기 때문이었습니다. 그러나 본토결전이 임박한 위급한 상황에서 국민운동의 일원화와 강력화를 위한 새로운 국민조직이 필요한 일본정부는, 군과 의견을 조율해 각의결정 「국민의용대 조직에 관한 건」(1945년 3월 23일 결정, 3월 24일 발표)에 이르렀습니다. 그러나 각의결정 과정에서 국민의용대 제도에 대한 정부 방침이 확립되지 못했으므로 진전을 보이지 못했습니다. 이 문제는 내각이 바뀐 후에 풀리기 시작했습니다.

1945년 4월 7일 탄생한 스즈키 간타로(鈴木貫太郎)내각은 4월 13일 각의결정을 계기로 이전 내각에서 결정하지 못했던 전투조직에 대한 구체안을 신속히 결정했습니다. 4월 13일 2건의 각의결정(「국민의용대 조직에 관한 건」, 「상세급박한 경우에 따른 국민전투조직에 관한 건」)과 4월 27일 각의결정 「국민의용대 조직운영지도에 관한 건」[19]에 국민의용전투대 구성 근거와 상세한 구성 방향을 명시했습니다.

3월 23일 각의결정 이후 1개월이 지난 4월 30일, 내무성은 각 도도부현에 「국민의용대조직에 관한 요강」을 통해 비로소 정식으로 의용대의 목적과 지역 직역별 조직, 전투대 조직, 지역본부 조직, 운용 등을 하달했습니다. 4월 13일자 각의결정 「상세급박한 경우에 따른 국민전투조직에 관한 건」과 4월 27일자 각의결정 「국민의용대 조직운영지도에 관한 건」에 따른 후속조치였습니다.

이 요강을 받은 각 도도부현은 준비위원회(또는 준비간친회)를 열어 내무성 요강을 참고로 각각 요강을 만든 후 5월 10일 전후에

---

19) http://rnavi.ndl.go.jp/politics/entry/bib00623.php

시구정촌과 지방사무소에 통달했습니다. 또한 본부 직제와 간부 등을 결정해 5월 하순~6월 초순에 걸쳐 본부 결성을 거의 완료하고 각 국민의용대 결성식도 했습니다.

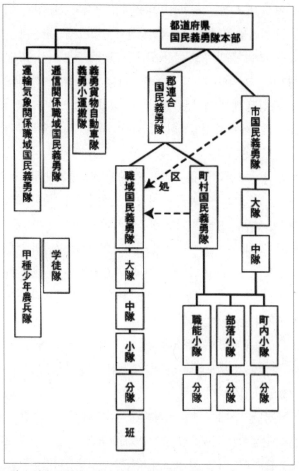

그림 21 일본 국민의용대 조직도(中山知華子, 「國民義勇隊と國民義勇戰鬪隊」, 69쪽 재인용)

일본의 국민의용대는 지역 직장별로 구성되어 향토방위대 형식으로 운영되었습니다. 지역은 정내회(町內會), 부락회를 단위 소대로 하는 시정촌국민의용대가, 직장에서는 관공서 공장 회사 등을 단위 소대로 하는 직역국민의용대가 구성되었습니다. 지역과 직장 두 가지를 포괄한 연합국민의용대도 있었습니다. 대상 연령은 국민학교 초등과 수료 이상의 남성 65세 이하, 여성 45세 이하로 했지만, 그 외 연령이라도 지원이라는 형태로 참여하도록 했습니다. 규정된 대상 연령은 큰 의미가 없었던 것입니다. 국민의용대 조직 과정에서 대정익찬회 대일본익찬장년단 대일본부인회를 흡수 통합했습니다.

이와 같이 국민의용대는 국민 조직으로 결성했으나 국민들의 호응이나 효과는 당국의 기대에 미치지 못했습니다. 특히 직역국민의용대의 경우는 오히려 거부 반응이 많았습니다. 5월 중순 중부 군관구 구역내 출근율은 50%였고, 도쿄도 주요 공장의 경우에는 72~76% 정도였다고 합니다. 1945년 6월에 실시된 행정사찰보고서에서도 '형식적, 냉담 소극적' 반응과 오히려 생산저하를 우려하는 내용이 담겨 있었습니다. 특히 특공무기공장의 직역의용대에 대한 근로출동 명령이 생산에 지장을 초래한 사례도 있었습니다. 직역의용대 출동이 오히려 군수물자 생산을 저지하는 요소로 작용하고 있었던 것입니다.

원래 국민의용대는 국민 조직화와 민간방위 목적으로 창설해 소화(消火)활동이나 식량증산, 소개(疏開) 작업 등 공사, 군수품 수송이나 진지구축 등 보조적 군사 활동을 담당했습니다. 주로 공습 후 처리에 동원되는 일이 많았으며 전투임무에 참가하는 것은 상정하지 않은 후방 국민조직으로 출발했습니다. 그러나 패전이 임박하자 6월에는 의용병역법(1945년 6월 22일 공포, 법률 제 39호)에 의해 국민의용전투대를 편성하고 전투부대로 개편했습니다.[20]

의용병역법의 주요 내용은 다음과 같습니다.

- '대동아전쟁에 즈음해' 의용병역은 병역법에서 규정한 병역과 같은 '신민의 의무'이며, 제국신민은 현행 병역법 이외에 새로운 병역(의용병역)을 져야 하며 '천황폐하 친솔의 군대에 편입해 제국 군인으로서 영예와 책무'를 다해야 한다.(제1조)
- 의용소집에 부당하게 응하지 않은 자는 징역형이 부과되고 (제7조), 육군형법과 해군형법 등 군법 적용이나 준용된다.(제8조)
- 현행 병역법에 의한 현역과 소집중인 사람, 육해군 학생을 제외한 남성 15~60세, 여성 17~40세 전원에게 의용병역을 부과하며, 이외에도 지원에 의한 의용병도 가능하다.(제3조)

이 같은 내용의 의용병역법 시행에 따라 제국신민은 현행 병역법 이외에 새로운 병역(의용병역)을 져야 하며 '천황폐하 친솔의 군대에 편입해 제국 군인으로서 영예와 책무'를 다해야 했습니다. 현행 병역법에 의한 현역과 소집중인 사람, 육해군 학생을 제외한 남성 15~60세, 여성 17~40세에 해당하는 전원이 의용병이라는 이름의 군인이 되었습니다. 이외 지원에 의한 의용병도 가능했습니다.

의용병역법 시행에 따라 의용병은 전투대 편성하령(編成下令)에 의해 '의용소집'되어 각 전투대의 대원이 되었습니다. 편성하령은 군관구사령관 또는 진수(경비)부사령장관 등이 필요할 때 육군

---

20) 6월 23일자 관보 게재

또는 해군대신의 허가를 얻어 필요한 지역과 직역에 대해 발동하도록 했습니다.

그러나 국민의용전투대는 직접 전투보다 보조적 역할을 맡도록 했습니다. 미군의 일본본토상륙 시기가 일본 군부의 예측과 달라지면서 시급한 것은 전투력보다 '전의앙양과 생산력 유지'였기 때문입니다.

실제로 국민의용전투대가 편성된 사례는 철도의용전투대(1945년 7월 23일 발령, 8월 1일 편성 완료), 선박의용전투대(8월 1일 발령, 8월 5일 편성 완료), 선박구난전투대(8월 5일 발령) 등 3건이었습니다. 이 세 종류의 전투대를 포함해 몇몇 지역의 전투대를 제외하면 전투대의 용도는 생산 증강이었습니다. 더구나 미군과 일본 본토를 사수하는 전투는 일어나지 않았고 1945년 8월 15일 종전조사가 발표되었으므로 일본 본토에서 국민의용전투대를 직접 전투에 투입하는 일은 일어나지 않았습니다.

후방이었던 식민지 조선에서도 일본과 큰 차이는 보이지 않았습니다. 1945년 8월 3일 의용대에 처음이자 유일한 동원령이 내렸으나 각 역에 화물을 정리하는 역할이었습니다. 그러나 남사할린에서는 조금 양상이 달랐습니다. 1945년 8월 8일 소련군이 대일참전을 선언하고 9일에 남사할린에 진공하자 국민의용전투대가 정규 육해군부대와 함께 8월 18일 정전명령이 내려질 때까지 실전에 참가한 적은 있었습니다. 남사할린에서는 1945년 8월 1일 가라후토(樺太)철도연합의용전투대 편성을 시작으로 8월 13일에는 전 지구에 대해 의용소집과 의용전투대 편성 발령을 내려 제88사단 지휘 아래 편입한 후 경계와 진지구축, 피난유도 등을 했고,

남사할린 중서부 지역에 위치한 에스토르(惠須取)지청에서는 직접 전투 임무에 참가하기도 했습니다.

국민의용대는 일본 패전 후, 1945년 8월 21일 각의에서 국민 의용대와 국민의용전투대 폐지가 결정되고, 일본이 항복문서에 조인한 9월 2일 해산했습니다. 의용병역법도 군사특별조치법폐지 등에 관한 건(칙령 제604호)에 따라 1945년 10월 24일 폐지되었습니다.

■ 식민지 조선의 국민의용대 제도

국민의용대 조직과 의용병역법 시행 대상지역은 일본 본토에 국한되지 않았습니다. 식민지 조선도 대상 지역이었습니다. 법 조문을 살펴보면, '충량한 신민'이 '용분 정신'의 마음으로 '황토를 방위'해 '국위를 발양'하도록 하기 위해 의용병역법 제1조에 따라 제국신민은 현행 병역법 이외에 새로운 병역(의용 병역)을 지도록 했기 때문입니다.

일본정부가 국민의용대 조직에 관해 각의결정을 내렸다는 소식은 3월 26일 매일신보 1면 논설 '총무장의 투혼 앙양 - 대동아해방에 돌진하라'를 통해

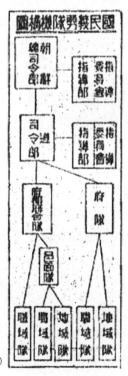

그림 22 국민의용대기구도(『경성일보』 1945. 6. 17)

식민지 조선에도 알려졌습니다.

그 후 5월 21일 도쿄 출장을 마치고 귀경 중이던 엔도(遠藤) 정무총감은 언론 대상의 인터뷰에서 '총력전 수행을 위한 물자 생산과 수송의 중요성'과 '외지에서도 획기적인 조치'가 필요함을 언급했습니다. 조선에서 의용대 조직 구성이 임박했음을 암시한 것입니다.

6월 16일에 일본 내각 논의를 거쳐 확정된 국민의용대조직요강을 조선총독부가 발표하면서 조선에 설치될 국민의용대 조직의 틀이 마련되었습니다. 요강에 따르면, 본부인 조선총사령부 아래 도사령부와 부대 부군연합대를 두도록 했습니다. 이 요강에 따라 국민총력연맹과 대일본부인회 조선본부도 해소 절차에 들어갔습니다.

이러한 준비과정을 거쳐 조선의 국민의용대 전국 조직은 7월 7일에 조선총사령부가, 8일에 연합의용대가 결성되었습니다.

조선총사령부 발족에 즈음한 7월 7일, 아베(阿部) 총독은 방송과 신문지상을 통해 '생산과 방위에 총력을 기하라'는 취지의 유고(諭告)를 발표했고, 엔도 총사령관도 7일의 담화와 8일 방송을 통해 전 조선에 총독 유고의 의미를 다시 한 번 강조했습니다. 고쓰키(上月) 조선군총사령관도 7일에 '의용대에 기대'를 담은 담화를 발표했습니다.

6월 22일, 일본에서는 법률 제39호 의용병역법안이 공포 시행되자 조선총독부 기관지 매일신보(국한문)와 경성일보(일문)는 대대적으로 보도했습니다. 법안 전문은 물론, 해설을 실어서 홍보했고, 시행령과 시행규칙, 의용병역법 시행령과 시행규칙에 근거한 국민의용전투대 통솔령의 전문을 실고 내용과 의미를 상세히 보도

했습니다.

그러나 식민지 조선에서 의용병역법은 제정 공포에 의미를 둔 제도가 되었습니다. 국민의용병역 신청 접수 자체가 8월 말경부터 시작될 예정이었으므로 준비 단계에서 막을 내린 셈이기 때문입니다. 일본에서는 이미 신청절차가 진행되어 8월 3일까지 신청접수를 완료하도록 했으나 조선에서는 사법령 운용에 관한 협의 등 특별규정 제정 등 제도적 정비가 선행되어야 했으므로 신청 접수 일정이 지연된 것입니다.

언론 보도에서는 각지에서 국민의용대 결성식이나 국민의용대 조직 준비위원회 개최 기사가 이어졌습니다. 그러나 패전에 임박한 8월 9일(지역 의용대 편성, 해군무관부 의용대 결성)까지 조직 결성이 진행되었고, 변변한 훈련 한번 할 기회도 없었습니다. 의용병 동원령 관련 기사는 단 한 번 있었으나 각 역에 쌓인 화물[滯貨]을 정리하는 역할에 그쳤습니다.

일본의 패전에 임박한 시기에도 국민의용대는 조직 단계에서 벗어나지 못했습니다. 8월 6일부터 시작된 히로시마와 나가사키에 대한 연합군의 원자폭탄 투하 이후 일본 본토가 극심한 상황에 빠진 상황에서 일본내각은 8월 12일에 운영방침을 변경하고 8월 13일에 국민의용대 훈련요강을 발표하는 혼란 속에 전쟁은 끝났고, 국민의용대 제도는 역사 속으로 사라졌습니다.

매일신보와 경성일보는 국민의용대 제도와 의용병역법에 대해 상세히 보도했고 사설과 논설은 물론 '사고(社告)'와 캠페인 기사 등을 다양하게 실었습니다. 언론기사의 대부분은 국민의용대 선전과 역할에 대한 의미 부여였습니다. 기사내용대로라면, 당시 한반도는 국민의용대와 의용병 깃발아래 모인 2천 6백만 민중들이 모두 한 마음 한 뜻으로 조선과 일본을 지키려는 결의로 넘쳐흐르는 곳이었습니다.

그러나 실제로 당시 식민지 조선 민중들에게 '의용대'나 '의용병'은 큰 관심 대상이 아니었습니다. 조선에서도 일본 본토에서도 국민의용대는 조직 구성 자체에 의미가 있었던 제도였을 뿐입니다. 실제로 매일신보에 첫 기사인 3월 26일부터 마지막 기사인 8월 13일까지 조선에서 국민의용대 기사는 여전히 조직 구성에 머물렀습니다. 8월 13일에 훈련요강을 발표하고 훈련을 시작하기도 전에 일본은 항복했습니다. 조선 민중들이 국민의용대가 무엇인지도 모르는 상황에서 종료된 셈입니다. 이 같이 후방이었던 식민지 조선 민중들에게 국민의용대는 흔적을 찾기 어려운 '역사'입니다. 제도로 남았을 뿐입니다.

〈정혜경〉

〈각의결정 「국민의용대 조직에 관한 건」(1945년 3월 23일 결정, 3월 24일 발표) 주요 내용〉

一. 목적

국민의용대는 대원 각자가 왕성한 황국호지(皇國護持)의 정신 아래 각자 직임을 완수하면서 전국(戰局)의 요청에 따라 이하 업무에 대해 활발히 출동한다.

1. 방공 및 방위, 공습피해의 복구, 도시 및 공장 소개, 중요물자의 수송, 식료증산(임업 포함) 등에 관한 공사 또는 작업에서 임시 긴급을 요하는 일.

2. 진지구축, 무기 탄약 식량사료(糧?) 보급, 수송 등 육해군부대의 작전행동에 대한 보조

3. 방공, 수화(水火)소방, 기타 경방(警防)활동에 대한 보조

二. 조직

1. 다수가 소속된 직역(관공서, 회사, 공장, 사업장) 등, 기타는 일 정한 지역마다, 각각 남녀별로 조직한다. 학교는 별도로 학도대 를 조직한다.

2. 의용대원의 범위는 노유(老幼)자, 병약자, 임산부(姙婦) 등을 제외 하고 국민학교 초등과 수료 이상, 남자는 65세 이하, 여자는 45세 이하의 자. 단 이외의 사람이라도 지원자는 가입 가능

3. 도도부현마다 국민의용대본부를 설치하고 해당 구역내 국민의용 대를 총괄한다. 본부장은 지방장관이, 시구정촌대의 대장은 시구 정촌장이 맡는다.

三. 운용

1. 국민의용대는 출동요청에 근거하거나 본부장이나 각대장이 필요하 다고 판단할 경우에 출동한다.

2. 국민의용대의 출동요청은 지방장관에 대해서 하고 지방장관이 출 동지령을 내린다.

3. 군의 보조를 위해 출동하는 경우에는 해당 육해군부대의 지휘를, 경방활동을 보조할 경우에는 해당 관공서장의 지휘를, 그 외 경우 는 해당 공사 또는 작업 시행자의 지휘를 받는다.

四. 기타

1. 출동에 필요한 경비는 목적에 따라, 군, 정부, 공공단체 또는 출동 수익자가 부담한다.

도움이 되는 글

매일신보, 경성일보, 조선총독부 관보, 아시아역사자료센터 제공 자료
防衛廳防衛研究所 戰史室, 『戰史叢書 - 大本營陸軍部(10) 昭和20年8月まで』, 朝雲新聞社, 1975.
北博昭編 解說, 『國民義勇隊關係資料 - 15年戰爭極秘資料集23』, 不二出版, 1986.
中山知華子, 「國民義勇隊と國民義勇戰鬪隊」, 『立命館平和硏究』1, 2000.
후지와라 아키라(藤原 彰)저, 서영식 번역, 『일본군사사』상, 제이앤씨, 2013.
정혜경 저, 『1945년 국민의용대 제도 -패배의 종착역에서-』, 선인, 2017.

의용대, 의용병역법, 의용봉공대, 국민의용전투대, 직역국민의용대, 시정촌
국민의용대, 연합국민의용대, 조선총사령부

일본은 아시아태평양전쟁 발발로 인해 수행한 인적 동원 적용 대상의 연령을 법령과 규정으로 명시하였습니다. 대표적인 법령과 규정을 살펴볼까요.

국민근로보국대 실시요강(1938년) : 만 20세~만 40세 남녀

국민근로보국협력령(1941년) : 만 14세 이상~만 40세 미만 남성, 만 16세 이상~만 25세 미만 여성

노무조정령(1941년) : 만 14세 이상~만 40세 미만 남성, 만 14세 이상~만 25세 미만 여성

국민근로보국협력령(1944년) : 만 14세 이상~만 60세 미만 남성, 만 16세 이상~만 40세 미만 의 배우자 없는 여성

여자정신근로령(1944년) : 만 12세 이상~만 40세 미만 여성

국민근로동원령(1945년) : 만 12세 이상~만 60세 미만 남성, 만 12세 이상~만 40세 미만 여성

위 규정에 따르면, 1944년 여자정신근로령 이전에는 남성 만 14세, 여성 만 16세가 동원 하한 연령이었습니다. 그러나 실제로는 이 보다 더 어린 아이들이 동원된 사례를 다수 찾을 수 있습니다. 지난 2015년말에 문을 닫은 국무총리 소속 대일항쟁기강제동원피해조사 및 국외강제동원희생자등 지원위원회가 수집한 사진 자료에서 앳된 소년들이 철도공사장에서 일하는 모습을 볼 수 있습니다.

중부태평양 지역으로 알려진 '남양군도' 지역에는 일찍부터 12세를 동원 연령으로 기준 삼았습니다. 1939년 남양군도 송출 당

시부터 당국은 남녀 구분 없이 가동능력의 기준을 12세로 산정했습니다. 이미 일본 당국이 스스로 규정한 법적 규정을 위배한 것이었습니다.

또한 태평양전쟁이 발발한 1941년 12월 이후 남양군도 집단농장에서 남녀 구분은 큰 의미가 없었습니다. 1942년 12월 티니안 소재 난요흥발(南洋興發)(주) 직영농장이 주재소에 제출한 '반도이 민가동상황조사보고의 건'에 의하면, 간혹 특정일에 일부 농구에서 남, 녀, 어린이(여성과 동일)의 1일 작업 시간을 달리 배정하기도 했으나 남녀노소 구분 없는 1일 작업 시간 배정이 일반적이었습니다.[21] 최대 노동 시간을 보면, 12월 27일 신미나토(新湊) 농구가 11시간 30분이었고, 12월 28일 니시(西)하고이 농구가 11시간, 손손 농구가 10시간이었다. 남양군도는 낮 동안 영상 40도가 넘는 폭염이 지속되는 곳입니다. 이런 더위 속에서 어린이와 여성들을 10시간 넘게 사탕수수 예초작업에 투입한 것입니다.

이같이 유아 노동은 특히 소녀들에게 널리 적용되었습니다. 1944년 이전에 12세 이하 연령의 조선인 여성 동원 사례는 어렵지 않게 볼 수 있습니다. 위원회 피해조사결과를 보면, 여성노무동원 피해 1,041건 가운데 연령을 산출할 수 없는 11건을 제외한 1,030건의 평균 연령은 16.7세입니다. 그러나 12세 이하 유소녀도 301건에 달했고, 14세 이하는 무려 563건에 달했습니다. 특히 한반도로 동원된 여성의 평균연령은 13.28세로 더욱 낮은 경향을 보였습니다. 위원회의 피해조사결과 가운데 가장 이른 시기에 사망한 피해자는 만 10세의 소녀였습니다. 만 10세에 부산의 한 방

21) 1943년 1월 5일자 문서, 『半島移民關係資料』(미국의회도서관 소장), 60~73쪽.

적공장 기숙사에서 생을 마감한 소녀는 도대체 언제부터 동원된 것일까요. 이 소녀의 동원 시기始期는 만 9세였습니다.

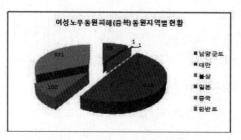

그림 23 여성노무동원피해 1,041건 동원지역별 현황

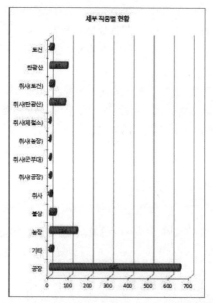

그림 24 여성노무동원피해 1,041건 세부 직종별 현황

유아 동원은 공장법과 국제노동기구(ILO) 최저 연령 노동제한 규정[남녀 공통, 1919년 공업부문 협약 14세 미만, 1937년 협약

15세 미만]은 물론 일본 당국이 스스로 규정한 법적 규정에도 위배되는 것이었습니다.

당시 국제노동기구의 규정은 어떠했을까요.

국제법학자 조시현 박사가 정리한 자료입니다. 1919년부터 1945년까지 일본이 비준한 ILO협약 가운데 주목되는 것들을 소개하면 아래와 같습니다.(날짜는 일본 비준일)[22]

1. 1919년 공업에 사용될 수 있는 아동의 최저연령을 정한 조약(ILO 제5호 협약, 최저연령(공업)협약으로 약칭) : 1926. 8. 7.
2. 1920년 해상에서 사용될 수 있는 아동의 최저연령을 정한 조약(ILO 제7호 협약, 최저연령(해상)협약으로 약칭) : 1924. 6. 7.
3. 1921년 농업에 사용될 수 있는 아동의 최저연령에 관한 조약(ILO 제10호 협약, 최저연령(농업)협약으로 약칭) : 1923. 12. 19.
4. 1921년 석탄부 및 화부로서 사용될 수 있는 연소자의 최저연령을 정하는 조약(ILO 제15호 협약, 최저연령(석탄부 및 화부)협약으로 약칭 : 1930. 12. 4.

특히 이 같은 유아 노동이 식민지민들에게만 적용되었다는 점을 주목해야 합니다. 일본은 공장법을 제정했으므로 자국민에 대한 유아노동은 금지하고 있었습니다. 1802년 영국에서 재정되어 여러 나라에 확산된 공장법은 여성과 아동 노동시간 규제를 핵심으로 했습니다. 일본의 공장법은 1911년 공포되어 1916년부터 적

---

22) 영어 조약문 및 현황은 ILO 홈페이지 Normlex http://www.ilo.org/dyn/normlex/en/f?p=1000:12000:::NO::: 일어 조약문 및 현황은 http://www.ilo.org/tokyo/ilo-japan/conventions-ratified-by-japan/lang--ja/index.htm. 한국의 경우 현재 고용노동부 홈페이지에는 ILO 관련 정보가 없고 외교부 홈페이지를 통하여 가입 조약관련 정보를 찾아볼 수 있다. 본문의 협약문 번역에 있어서 외교부의 한글 번역문이 없는 경우에도 유사한 협약의 번역문을 참조하였다.

용되었으나 조선에는 적용되지 않았습니다. 1923년 개정된 공장법에는 14세 미만 유아의 노동을 금지하는 조항이 들어있었고 일본은 공장법을 준수했으므로 일본 본토에서 일본인 유소녀 동원 사례는 찾을 수 없습니다.

또한 조선총독부는 광물자원의 확보를 위해 1941년에 여자광부갱내취업허가제 특례를 통한 여성동원의 근거를 마련해, 14세 이상 남자에게만 허가하던 광산의 갱내 취로 규정을 변경했습니다. 16세 이상 여성으로서 임신이나 산후 3주일을 경과하지 않는 사람을 제외하고는 갱내에서 작업하도록 한 것입니다. 이미 1941년 이전에 14세 이상 소녀들을 갱내에 투입했다는 의미가 됩니다.

일본이 저지른 아시아태평양전쟁 피해는 미성년자 강제노동이라는 점에서도 주목해야 하는 전쟁피해입니다.

〈정혜경〉

도움이 되는 글

김윤미, 「총동원 체제와 근로보국대를 통한 국민개로」, 『한일민족문제연구』 14, 2008.

정혜경, 『봄날은 간다 – 방적공장 소녀, 징용』, 선인출판사, 2013

김미정, 「전시체제기 조선총독부의 여성노동력 동원정책과 실태」, 고려대학교 한국사학과 박사학위논문, 2015.

정혜경, 「일제말기 남양군도 노무동원과 조선 여성」, 『동국대 역사교육』 8, 2016

중요한 낱말 **★**

아시아태평양전쟁, 조선인 강제동원, 근로보국대, 노무조정령, 국민근로동원령, 여자정신근로령, 국민근로보국협력령

兵制度實施

半島統治上一大進展

南總督談發表

敎兵制實施準備에

전시정책편 5장

Q&A_12 전시 대본영이란 무엇인가요?
Q&A_13 대동아금융권이란 무엇인가요?

일제 말기 전시체제나 강제동원에 관련된 글들, 특히 신문이나 잡지 등을 읽다보면 '대본영(大本營; 다이혼에이)'이라는 말이 자주 등장합니다. 흔히 대본영은 일본의 전시 최고통수기관 정도로 이해되고 있는데요. 이에 대해서 좀 더 자세히 알아보겠습니다.

우선 대본영은 전시에 총사령관이 체류하는 장소를 일컫는 '본영'에서 유래했습니다. 그러니까 대본영은 전쟁을 정점에서 지휘하는 가장 큰 본영이라는 뜻이 되겠지요. 일본의 대본영은 청일전쟁(1894. 6. 5~1896. 4. 1)과 러일전쟁(1904. 2. 11~1905. 12. 20), 그리고 중일전쟁부터 패전 때까지(1937. 11. 20~1945. 9. 13) 모두 세 차례 설치되어 활동을 했습니다.

대본영은 당연히 전쟁 개전 시에 설치하는 것이었는데 이를 규정한 것으로 「전시대본영조례(戰時大本營條例)」라는 것이 있습니다. 「전시대본영조례」는 1893년 칙령 제52호로 처음 공포되었습니다. 여기에는 일왕을 최고 통수권자로 하는 대본영을 설치하고 예하에 제국 육해군 수뇌부와 정부 기관을 둘 수 있도록 규정되어 있었습니다. 「전시대본영조례」는 1903년 전면 개정되었는데, 육해군의 지휘권이 구분된 것을 제외하면 큰 차이는 없었습니다. 즉 1893년 당시 '참모총장(參謀總長)'이 일왕 아래에서 육해군을 지휘하던 규정을, 1903년에는 육군의 참모총장과 해군의 해군군령부장(海軍軍令部長)이 각각 육해 양군을 지휘하도록 바꾸었던 것입니다. 주목할 점은 바로 여기에 일본 대본영만의 독특한 특징이

담겨있다는 사실입니다.

총력전체제 이래 전시에 전쟁을 주도할 기관을 별도의 정부기관으로 설치하는 것은 일본만의 일이 아닙니다. 그러나 대본영은 여타 국가에서 설치되었던 전시기구와는 조금 다른 면모를 가지고 있습니다. 일본이 전시에 대본영이라는 별도의 통수기관을 설치한 이유는 크게 두 가지로 설명할 수 있습니다.

그림 25 대본영회의 모습(『朝日新聞』 1943. 4. 29.) 가운데 히로히토의 모습이 보인다.

첫째, 군대의 통수권이 일원화되어 있지 않았기 때문입니다. 일본은 근대 군대의 창설 이래 육군과 해군의 통수권한을 엄격히 구분하고 있었습니다. 1903년 육군과 해군의 지휘 권한이 분리된 것은 육군 참모총장의 지휘를 꺼리는 해군 측의 입장이 반영된 것이라고 할 수 있습니다.

이렇듯 평시는 물론이고 전시에도 각 군의 통수권이 엄밀히 나누어져 있었던 탓에 육군의 작전활동과 해군의 그것이 서로 엇갈리는 경우가 발생하였습니다. 즉 육군과 해군의 최고 통수권자가 한 자리에 모여서 서로의 작전활동을 모의하고 통일할 필요가 있었던 것입니다.

둘째, 일본군 내 작전과 행정이 이원화되어 있었기 때문입니다.

예컨대 육군의 경우 작전을 담당하는 곳은 육군 참모본부였고, 행정은 내각의 육군성이 맡았습니다. 참모본부의 우두머리는 참모총장, 육군성의 장은 육군대신이었습니다. 물론 참모본부를 중심으로 한 군부의 강한 영향력 아래에서 참모총장과 육군대신이 알력관계에 있었던 것은 아니지만 작전과 행정의 분리는 전시에 많은 어려움을 불러 일으켰습니다. 따라서 전시에는 육해군 통수권자와 함께 육군성과 해군성을 포함한 내각의 주요 직책자들이 함께 모여 논의할 공간이 필요하였습니다. 대본영은 바로 그러한 곳이었습니다.

한편 대본영 설치에 관한 규정이 다시한번 크게 바뀌는 것은 1937년입니다. 군령 제1호로 공포된 「대본영령(大本營令)」이 그것으로 이때 변경된 가장 중요한 규정은 대본영을 설치할 수 있는 요건에 대한 것입니다. 즉 전시에만 설치하도록 했던 규정을 "대본영은 전시 또는 사변(事變) 때에 필요에 응하여 그를 설치함"으로 바꾸었던 것입니다. 왜 이러한 개정이 필요했던 것일까요?

아시다시피 1937년은 중일전쟁이 발발한 해였습니다. 그런데, 당시 중일전쟁은 일본은 물론 중국 측에서도 공식적인 전쟁으로 명명하지 않았습니다. 일본은 '지나사변(支那事變)', 중국 측에서는 '7·7사변(7·7事變)'이라는 용어를 사용하였습니다. 당시에도 그리고 지금도, 이 전쟁을 무엇으로 명명하든 중국과 일본과의 전면전이었다는 데 이의는 없습니다. 그럼에도 중국은 미국의 중립법(Neutral Act) 규정을 피하기 위해서, 일본은 침략전쟁에 대한 국제사회의 비난을 모면할 방책으로 전쟁이라는 용어를 쓰지 않았던 것입니다. 요컨대 「대본영령」은 전쟁으로 규정되지 않았던 지나사변에도 대본영을 설치하기 위한 꼼수 개정의 결과였습니다.

마지막으로 대본영을 이해하는 데 있어서 빠뜨리지 말아야 할 대목은 대본영의 최고 통수권자가 일왕이었다는 사실입니다. 육군과 해군의 알력관계, 작전과 행정의 분리에 따른 어려움을 조정·조율하고 최종적으로 결정을 내리는 존재는 대본영의 최고 통수권자인 일왕이었습니다. 따라서 일본이 자행했던 수많은 침략 전쟁의 가장 무거운 책임 역시 일왕에게 있을 수밖에 없습니다.

〈조건〉

도움이 되는 글

秦郁彦 編,『日本陸海軍總合事典』, 東京大學出版會, 2005.
森松俊夫,『大本營』, 吉川弘文館, 2013.

중요한 낱말 | ★

대본영, 전시대본영조례, 대본영령, 육군 참모본부, 해군 군령부, 청일전쟁, 러일전쟁, 중일전쟁, 지나사변, 참모총장, 군령부장, 통수권, 육군성

일제 강점기에 관심이 있는 사람이라면 '대동아공영권'이라는 말을 들어 본 적이 있을 겁니다. 1937년에 중일전쟁을 시작으로 아시아에 본격적으로 진출한 일제는 1940년이 지나가면서 태평양 지역 전체에 대한 지배를 시야에 넣고 본격적인 전시동원 체제에 들어가게 됩니다. 명분은 ABCD세력 (즉 America, Britain, China, Dutch)의 일본과 아시아에 대한 침략을 격퇴하여, 일본을 중심으로 아시아가 '같이 번영하는' 체제를 구축하겠다는 망상의 산물이었죠.

이 대동아공영권이라는 구호를 내걸고, 일제의 군국정부는 1941년 12월 8일에 영국과 미국에 대하여 선전포고를 함과 동시에 미국 하와이의 진주만을 공격한 것은 잘 알려진 사실입니다. 그런데 전쟁을 치르려면 돈이 돌아야 합니다. 흔히 금융은 '경제의 혈액'이라고 하는데, 긴박하게 전쟁을 치르는 전시경제에서는 돈이 더 빨리 돌아야 할 것입니다. 돈이 돌기 위해서는 영향권 아래에 있는 다양한 화폐들이 일정한 환율과 규칙에 따라 결재가 이루어져야 합니다. 전후 세계경제를 지배한 미국의 달러가 지구 어디에서나 결재통화의 역할을 하고, 최근에는 덩치가 커진 중국이 인민폐를 결재통화로 하는 경제권을 만들려고 노력하는 것은 바로 이런 까닭입니다.

그런 배경에서 나온 것이 '대동아금융권'이라는 말입니다. 이는 공식적인 정책이름이 아니라 당시 일본제국의 '구상'이자 이미 전개되는 현상을 요약하는 개념이라고 할 수 있지요. 이 대동아금융권의 중심적인 기둥의 하나가 당시 조선반도의 중앙은행 역할을 했던 '조선은행'입니다. 대동아금융권은 일본 내의 요코하마정금은행 (橫浜正金銀行)과 일본은행, 그리고 식민지의 조선은행과 대만은행이라는 네 개의 금융기관이 하나의 시스템을 구축하는 형상이었습니다. 여기서 정금은행이라는 말이 생소할 것입니다. 정금이라는 말은 금을 바탕으로 하는 외환업무를 말하는 것인데, 명치유신 이후에 일본의 외환업무는 당시 HSBC 등의 영국계 은행들이 도맡아 왔는데, 1878년에 개항장인 요코하마에 정금은행을 만들면서 일본정부가 스스로 외환업무를 하게 된 것입니다. 이는 화폐를 찍어내는 중앙은행인 일본은행이 만들어진 1882년보다 4년이나 앞선 것입니다.

당시 일제의 영향 아래에 있던 아시아 전체를 커버하는 광대한 지역에서 일본화폐를 결재통화로 많은 거래가 이루어지던 이 대동아금융권에 있어서 일본 밖에서 중요한 거점이 바로 경성의 조선은행과 대만의 대만은행이었습니다. 당시 일본의 금융권에서는 일본의 치하에 있던 외지(外地)를 반으로 나누어, 북쪽의 중심은 조선은행, 남쪽의 중심은 대만은행이라는 인식이 자리를 잡고 있을 정도였습니다.

좀 더 큰 시각에서 본다면, 일제의 대동아전쟁을 위한 각종 인프라에서 조선의 경성은 다양한 '강제동원'의 핵심적인 거점이었습니다. 금융에서 눈을 돌려 학문분야를 보아도 이를 알 수 있습니다. 일제 강점기에는 9개의 '제국대학'이 있었습니다. 1886년에 동경제국대학이 만들어 진 후 1939년에 나고야제국대학이 만들어 지는데, 경성제국대학 (서울대학교의 전신)이 1924년에 다섯 번째로 만들어졌고, 4년 후인 1928년에 타이페이제국대학 (대만대학교의 전신)이 만들어 졌습니다. 이는 오사카나 나고야제국대학보다 빠른 것으로, 당시 식민지의 두 거점이었던 경성과 대북의 위치를 말해 준다고 볼 수 있습니다.

대동아금융권의 기둥의 하나였던 조선은행에는 일본과 조선의 엘리트들이 많이 몰려있었던 것으로 전해집니다. 특히 조선은행에서 근무했던 일본인들이 최근까지도 '조선은행회'라는 친목모임을 유지해 오기도 했습니다. 이러한 점에서 '강제동원기'는 한국의 근대를 들여다보고 이해하는데 귀중한 인식의 창문이 될 수 있다고 봅니다.

〈노다니엘〉

도움이 되는 글(일본어 저자 가나 순)
倉沢愛子,『資源の戦争「大東亜共栄圏」の人流・物流』(岩波書店)2012.
中野聡『東南アジア占領と日本人帝国・日本の解体』(岩波書店)2012.
山本有造『「大東亜共栄圏」経済史研究』(名古屋大学出版会), 2011.
손병해, [국제경제통합론], (주)시그마프레스, 2016.

중요한 낱말 | ★

대동아공영권, 대동아금융권, 요코하마정금은행, 일본은행, 전시동원체제, 조선은행

해방이후편 6장

Q&A_14 GHQ의 한인 귀환정책에 대해 설명해 주세요.
Q&A_15 도쿄전범재판(극동국제군사재판)이란 무엇인가요?
Q&A_16 조선인들은 왜 BC급 전범이 되었나요?
Q&A_17 일본의 '조선인강제연행진상조사단'이란 무엇인가요?

GHQ(General Headquaters of Supreme Commanders for the Allied Powers)는 일본에 대한 포츠담선언 집행을 관리하기 위하여 설치된 연합국군 최고사령부의 본부를 뜻합니다. 1945년 8월 14일 일본이 중립국을 통해 포츠담선언의 수락 의사를 밝히자, 사실상 연합국 군대를 총괄하고 있던 미국은 이날 당시 미태평양육군총사령관 맥아더 원수를 연합국군 최고사령관으로 임명하고 그에게 일본점령에 관한 전권을 부여했습니다. 사령관은 8월 30일 일본에 도착했으며 9월 2일 항복 문서 조인식을 거쳐 공식적인 점령 업무에 들어갔습니다. GHQ는 일본군의 무장해제에 총력을 기울였고 민정국(GS)을 중심으로 하여 광범위하게 일본사회의 민주화를 주도하였습니다. 그러나 일본 본토 내부의 한인을 비롯한 외국인의 본국 귀환문제나 해외 거주 일본인의 일본 귀환문제에 대해서는 GHQ가 그다지 깊이 관여하지 않았고 일본의 중앙정부와 지방정부에게 이 문제를 담당하게 했습니다. 이처럼 GHQ가 귀환 통제를 소홀히 하는 가운데 무질서한 귀환 움직임이 계속되었고 일본정부에 의한 통제만으로는 이를 해소하지 못하는 사태가 발생했습니다. 따라서 재일한인 단체와 같은 비공식 단체들이 속출하여 일본 각지에서 귀환자 열차 수송에 관여했으며 귀환자들이 집결한 장소에서 원호 업무를 담당하게 되었습니다.

한편 GHQ는 10월에 들어 일본의 경제적 질서를 유지할 목적으로 귀환자에 대한 휴대화폐량 한계를 1000엔까지로 규정하고 각 귀환 항구에서 이를 점검하도록 일본정부에 지시했습니다. GHQ는 10월 12일 「법정통화의 지정과 화폐 및 채권의 유출입 금지에 관한 고시」를 발표하여 일본의 각 항구에서 한인 귀환자들이 금, 은, 유가증권 등을 반출하지 못하게 했습니다. 또한 10월 15일에도 일본정부에 지령을 내려 민간인 귀환자가 들고 갈 수 있는 금액을 한 사람당 1000엔으로 한정할 것을 재확인 하고 초과분에 대해서는 그것을 몰수하고 채권증서나 재산소유증서와 마찬가지로 그 수령증을 대신 교부하도록 했습니다. 귀환자에 대한 휴대통화량 규제는 점령군의 계획 수송 기간 중에 전혀 완화되지 않고 일관되게 적용되었습니다. 다만 1946년 1월 일본에서 발행한 우편저금·은행예금통장·보험증서와 일본의 금융기관이 발행한 수표·외환어음·예금증서 등을 휴대하도록 허용한 일이 있습니다. 그러나 이 조치는 당시 남한과 일본 사이에 금융거래가 일체 금지되어 있었던 상황에 비추어 볼 때 일반 한인 귀환자들에게 그다지 경제적 도움이 되지 못했습니다. 휴대화폐량 규제 조치는 일본에서의 생활을 청산하고 해방된 조국에 돌아가려는 당시 귀환자들에게 지나치게 가혹한 조치였습니다.

귀환자에 대한 계획 수송을 실시하기 위해 GHQ는 남한 미군정 관계자들과 함께 1946년 1월 중순에 Tokyo Conference를 열고 뒤늦게 업무 방침을 확정했습니다. 이윽고 2월 17일 일본정부에 대한 지시를 내려 일본에 거주하는 한인·대만인·중국인 류큐(琉球)인에 관한 등록을 3월 18일까지 1개월 동안 실시하게 했습니다. 이때 귀환 희망 여부를 명확히 파악할 것을 지시하고 보호와 무료 수송에 의한 '귀환 특권'이 끝날 수도 있다는 것을 알리도록 하여 점령군의 계획 통제에 적극 따르도록 유도했습니다. 또한 한인 귀환 희망자에 대해서 희망 귀향지가 38도선 이남인지 이북인지를 구별하여 집계하도록 지시하여 계획 수송에 참고하게 했습니다. 아울러 GHQ는 일본정부에게 귀환자 원호 업무를 체계화하도록 지시하는 한편 재일한인 단체의 관여를 엄격하게 금지시켰습니다. 한인 귀환자에 대한 GHQ의 계획 수송은 몇 차례 변경된 후에 1945년 12월 28일 종결되었습니다.

〈최영호〉

도움이 되는 글

William J. Gane, Repatriation From 25 September 1945 to 31 December 1945, Headquarters USAMGIK, 1947.
戰後補償問題硏究會 편, 『戰後補償問題資料集. 第8集. GHQ關連文書集(朝鮮人未拂金政策等)』, 戰後補償問題硏究會, 1993.
金太基, 『戰後日本政治と在日朝鮮人問題 : SCAPの對在日朝鮮人政策1945-1952年』, 勁草書房, 1997.
아사노 도요미, 『살아서 돌아오다 : 해방공간에서의 귀환』, 솔출판사, 2005.
타케마에 에이지, 『GHQ : 연합국 최고사령관 총사령부』, 평사리, 2011.
최영호, 『일본인세화회: 식민지조선 일본인의 전후』, 논형, 2013.
이원덕 등, 『GHQ시대 한일관계의 재조명』, 국민대학교 일본학연구소, 2016.

중요한 낱말 | ★

포츠담선언, 연합국군최고사령부, 맥아더, 휴대통화량, 계획수송, Tokyo Conference

1945년 9월 2일 일본이 연합국과의 항복문서에 조인함으로써 1931년 9월 18일 일본의 만주침략(만주사변) 이후 1937년 7월 7일 중국과의 전면전(중일전쟁), 1941년 12월 7일 미국 진주만과 동남아 기습에 의한 확전(태평양전쟁)으로 이어진 일본의 15년 전쟁이 막을 내립니다. 일본은 항복문서에서 일본의 무조건 항복을 요구한 1945년 7월 26일 연합국의 공동성명(포츠담선언)을 수락했는데, 포츠담선언 제10조는 연합국의 포로를 학대한 자를 포함하여 모든 전쟁범죄인에게 엄중한 처벌(stern justice)이 가해져야 한다고 규정하였습니다. 태평양전쟁 중 전쟁법을 무시한 일본군의 가혹한 처우로 서양 포로의 사망률이 27.1%에 이르렀기 때문에 미국은 일찌감치 포로학대의 응징을 공언해왔고, 호주 중국 등도 일본에 의한 전쟁범죄의 증거를 수집하여 전범 리스트를 준비하였습니다.

한편, 일본에 앞서 1945년 5월 항복한 독일에서는 8월 8일 미국 · 영국 · 프랑스 · 소련 4국간의 런던협정에 따라 뉘른베르크에 국제군사재판소(International Military Tribunal)가 설치되어 1945년 11월 20일부터 1946년 10월 1일 사이에 나치 수뇌 24명 및 6개 단체가 평화에 반한 죄(crimes against peace), 전쟁범죄(war crimes), 인도에 반한 죄(crimes against humanity) 등으로 재판을 받아 사형이 선고된 12명을 포함하여 19명에게 유죄가 선고되었습니다(뉘른베르크 재판). 이후 뉘른베르크에 설치된 미국 군사재판소는 1946년 12월 9일부터 1949년 4월 13일 사이에 12차례의 재판에서 관료 군부 재계 의료계 사법계 지도자 185명을 기소하여 142명에게 유죄판결(24명 사형 선고)이 내려졌습니다(뉘른베르크 후속재판). 또한, 미군은 다하우에서 열린 489건의 군사재판에서 일반 전범 1,672명을을 전쟁 중 독일에서 벌어진 미군 포로 및 강제수용소의 연합국 출신 민간인에 대한 전쟁범죄로 기소하여 1,416명에게 유죄를 선고(297명 사형 선고)하였습니다(다하우 재판).

뉘른베르크 국제군사재판소 재판을 모델로 하여 일본에서도 1946년 1월 19일 맥아더 연합국군 총사령관(Supreme Commander for the Allied Forces)의 명의로 극동국제군사재판소(International Military Tribunal for the Far East)가 설립되어, 1946년 5월 3일부터 1948년 11월 12일 사이에 일제 전시지도자 28명이 재판을 받아 사형에 처해진 7명을 포함한 25명에게 유죄가 선고되었는데, 이 도쿄 극동국제군사재판소 재판을 도쿄재판이라 합니다. 이후 미국은 나머지 전시 지도자를 처벌하는 후속재판을 구상하였으나, 1948년 10월부터 1949년 9월 사이에 도요다 소에무(豊田副武) 전 연합함대사령장관과 다무라 히로시(田村浩) 전 육군성 포로정보국장관을 연합군 포로정책에 대한 지휘관 책임을 물어 처벌하는데 그칩니다(마루노우치 재판). 한편, 미군은 요코하마에서 열린 331건의 군사재판에서 일본 및 조선에서 연합국 군인 및 민간인에 대한 전쟁범죄로 일반 전범 1,029명을 기소하였습니다(요코하마 재판).

뉘른베르크 국제군사재판소와 마찬가지로 도쿄 국제군사재판소 재판소는 헌장 제5조에서 (a) 평화에 반한 죄(crimes against peace), (b) 전쟁범죄(war crimes), (c) 인도에 반한 죄(crimes against humanity)를 관할범죄로 규정하였고, 이 중에서도 침략전쟁 또는 국제법 조약 협정 서약을 위반한 전쟁의 계획 준비 개시 수행 및 공동계획 모의를 처벌하는 평화에 반한 죄를 가장 중한 범죄로 다루었습니다. 때문에 일본의 미군정은 전쟁 개시를 비롯한 국가정책을 수립한 정부 군 지도자로서 평화에 반한 죄로 기소된 자를 A급 전범, 전쟁 중에 적국 포로 민간인 보호 등에 관한 전쟁법을 위반한 전쟁범죄나 피해자의 국적과 무관한 학살 박해 등의 잔학행위를 저질러 인도에 반한 죄로 기소된 자를 BC급 전범이라 불렀습니다. 그래서 지금도 일본에서는 도쿄재판에서 처벌받은 주요전범은 A급 전범, 그 외 요코하마 재판 등에서 처벌받은 일반전범은 BC급 전범이라 부르게 되었습니다. 단, 도쿄재판의 A급 전범들은 직접 잔학행위를 저지르지는 않았지만 이를 지시했거나 묵인한 지휘관 책임을 물어 전쟁범죄로도 기소되었고, 전쟁범죄로 유죄를 선고받은 피고인에게만 사형이 선고되었습니다.

1951년 체결된 샌프란시스코 평화조약 제11조에서 일본은 도쿄 극동군사재판소 및 다른 연합국 전범법원의 판결을 수락하였으나, 오늘날까지도 도쿄재판을 둘러싼 논쟁은 끊이지 않고 있습니다. 특히, 일본 우익은 도쿄재판이 연합국측의 승자의 정의에 불과하며, 서구세력의 동남아 식민침탈이나 일소중립조약을 위반한 소련의 참전은 무시한 채 일본만을 침략국으로 규정하는 도쿄재판 사관을 남겼다고 비판합니다. 전쟁중 일본군의 잔학행위에 대해서도 과장되었다거나 미국의 소이탄 공습, 원폭투하가 더 중대한 전쟁범죄라는 반론을 펼치기도 합니다. 도쿄재판에서 영국의 인도 식민지배에 대한 반발로 피고인 전원 무죄를 주장한 인도의 우파 민족주의자 라다비노드 팔 재판관이 남긴 장문의 소수의견은 이러한 우익사관을 뒷받침하는 근거로 남아있습니다.

법적으로도 최대 쟁점이었던 평화에 반한 죄는 뉘른베르크 및 도쿄 재판소의 헌장에서 처음 규정이 되었기 때문에 행위 시점에 법으로 규정되어 있는 범죄만 형사처벌을 허용하는 근대형법의 기본원칙인 죄형법정주의에 위배된다는 지적이 따릅니다. 이에 대해서는 일본이 제1차 세계대전 이후 승전한 연합국의 일원으로서 비준한 1919년 독일과의 평화조약(베르사유 조약) 제227조에서 실현되지는 않았지만 전시 독일 황제였던 빌헬름 2세를 연합국 특별재판소에서 국제도덕 및 조약 위반으로 처벌할 것을 규정했다는 반박이 있기도 합니다. 절차면에서도 항소심이 없는 단심제였고, 일본이나 중립국의 관여 없이 연합국 판검사만으로 진행된 점, 특히 재판부에 전쟁 중 호주 정부의 일본 전쟁범죄 조사단장이었던 윌리엄 웹 재판장, 일본군에 의한 필리핀 바탄 죽음의 행진의 생존자였던 자라닐라 재판관이 임명된 것은 재판의 공정성에 오점을 남겼다는 지적이 따릅니다.

반면, 일제 잔학행위의 피해자 입장에서도 도쿄 극동군사재판소 재판은 많은 아쉬움을 남겼습니다. 일본의 국가원수로서 전쟁 개시 및 전쟁 중의 잔학행위에 대한 궁극적 책임을 져야 할 히로히토(쇼와 천황)는 점령통치를 용이하게 하고 공산주의를 견제하려는 미국의 정치적 고려로 소추를 피하였습니다. 1930년대부터 인류 역사에 전무후무한 규모의 잔학한 생체실험과 세균전을 수행한 이시이 시로를 비롯한 731부대 책임자들은 미군과 협력하는 대신에 역시 기소를 면했고, 일본군이 중국에서 수행한 화학전 역시 화학무기 사용을 처벌하는 판례를 남기기를 꺼린 미국이 불문에 부쳤습니다. 한편, 군부가 전쟁의 원흉으로 지목되면서 일본의 침략전쟁에 앞장섰던 관료, 재벌, 언론인 등도 전범재판을 피해갔습니다.

임시정부가 연합국 지위를 승인받지 못하면서 한국이 인도나 필리핀처럼 도쿄 극동군사재판소에 판검사를 파견하지 못한 것이나 일본 국내에서의 잔학행위를 다루지 않은 것도 지적할 필요가 있습니다. 한국이 도쿄재판에 참여 했다면 1910년 한국병탄까지 평화에 반한 죄로 규정하고, 식민지 시기의 강제동원과 물자수탈, 신사참배 강요 등도 전쟁범죄로 처벌했을 지도 모릅니다. 뉘른베르크 재판에서 나치정권의 자국민, 특히 유대인의 학살 및 박해를 인도에 반한 죄로 처벌하였고, 나치당 수뇌부, 나치 친위대, 독일군 총참모부 등을 범죄집단으로 기소한 바 있습니다. 마찬가지로 도쿄재판에서도 일본 본토와 식민지 조선에서 악명높은 종교인, 정치인, 노조 인사들의 박해나 1923년 조선인, 중국인, 사회주의자 학살도 인도에 반한 죄로 처벌하고, 대정익찬회, 대본영, 헌병대, 특별고등경찰, 흑룡회 등을 범죄집단으로 기소하는 것도 하나의 방안이 되었을 것입니다. 팔 재판관이 재판 중에 피고인들을 면회하여 아시아 해방자라 추켜세우고, 재판이 끝나기도 전에 전원 무죄를 주장하는 소수의견을 작성한 것 또한 재판의 공정성 측면에서 부적절했다고 할 수 있습니다.

이러한 문제점에도 불구하고, 도쿄 극동국제군사재판소 재판은 그 역사적 의의를 과소평가할 수는 없습니다. 뉘른베르크 국제군사재판소에 이어 제2차 세계대전에 관한 유이한 국제형사법원으로서 일본의 전시 지도자들을 평화에 반한 죄와 전쟁범죄로 유죄판결을 내린 것은 일본에 의한 침략전쟁과 잔학행위의 불법성을 확인하는 중요한 법적 근거입니다. 재판기간이 2년 반을 넘으면서 냉전의 격화와 함께 국내외 여론의 관심에서 멀어지는 문제도 있었지만 전쟁 개전에 이르기까지 일본 정부 군부의 구상과 의사결정 과정, 전쟁 중 일본이 저지른 잔학행위에 관한 방대한 자료를 재판기록 및 증거물의 형태로 남겼습니다. 특히, 전시 성폭력에 관해서는 한국·대만의 위안부 피해는 전쟁범죄의 처벌대상이 아니었지만 중국, 필리핀 검사단의 노력으로 자국내 강간 등의 전쟁범죄가 뉘른베르크 재판에서보다 더 중히 다루어졌고, 자료도 더 많이 남겼다는 평가를 받습니다. 무엇보다도 인류 역사상 최대의 전쟁을 일으킨 패전국의 지도자를 즉결 처형하는 대신에 법정에 세워 법과 정의의 심판으로 심판한 것은 그 자체로 역사적 의의가 크다고 할 수 있습니다.

〈신희석〉

도움이 되는 글

김창록, 「토오쿄오재판에 관한 법사학적 고찰: '문명의 심판' 대 '승자의 심판' 그리고 아시아」, 『동북아역사논총』 25호(2009. 9), pp. 119-148.
김철우 편, 『일본전범재판기』, 경성: 조선경제연구사, 1947.
신희석, 「제1차 세계대전과 제2차 세계대전 이후의 전범재판: 평화와 인도에 반한 죄의 탄생」, 『서울국제법연구』 제22권 제2호(2015. 12), pp. 187-232.

朝日新聞東京裁判記者,『東京裁判(上・下)』, 東京：朝日新聞社, 1995.
粟屋憲太郎,『東京裁判論』, 大月書店, 1989.
粟屋憲太郎,『東京裁判への道(上 下)』, 東京：講談社, 2006.
東京裁判ハンドブック編集委員會 (編),『東京裁判ハンドブック』, 青木書店, 1989.
林博史,『BC級戰犯裁判』, 東京：岩波書店, 2005.
中里成章,『パル判事：インド・ナショナリズムと東京裁判』, 東京：岩波書店, 2011.
日暮吉延,『東京裁判』, 講談社, 2008.
Neil Boister and Robert Cryer, The Tokyo International Military Tribunal: A Reappraisal (Oxford; New York: Oxford University Press 2008).
Kevin Heller and Gerry Simpson ed., The Hidden Histories of War Crimes Trials (Oxford: Oxford University Press, 2013).
Arieh J. Kochavi, Prelude to Nuremberg: Allied War Crimes Policy and the Question of Punishment (Chapel Hill, N.C.: University of North Carolina Press 1998).
Kirsten Sellars, 'Crimes against Peace' and International Law (New York: Cambridge University Press, 2013).
Yuma Totani, The Tokyo War Crimes Trial : The Pursuit of Justice in the Wake of World War II (Cambridge, MA: Harvard University Press, 2008).

중요한 낱말 | ★

도쿄재판, 도쿄 극동국제군사재판소, 포츠담 선언, 평화에 반한 죄, 전쟁범죄, 침략전쟁, 히로히토, 샌프란시스코 평화조약

　　1946년 5월 3일부터 1948년 11월 12일 사이에 도쿄 극동국제
군사재판소(International Military Tribunal for the Far
East)에서 일본의 전시 정부 군 지도자들이 침략전쟁 또는 국제
법 조약 협정 서약을 위반한 전쟁의 계획 준비 개시 수행 및
공동계획 모의를 처벌하는 평화에 반한 죄로 재판을 받는 동안에
연합국들은 전쟁 중 연합국 군인 및 민간인에 대한 잔학행위를 저
지른 자들을 동아시아 각지의 자국 법원에서 전쟁범죄로 기소하였
습니다. 일본 미군정은 극동국제군사재판소 헌장 제5조에 규정한
(a) 평화에 반한 죄(crimes against peace), (b) 전쟁범죄(war
crimes), (c) 인도에 반한 죄(crimes against humanity) 중
에서 평화에 반한 죄로 기소된 국가 수뇌부 인사들을 A급 전범이라
불렀고, 전쟁 중에 적국 포로 민간인 보호 등에 관한 전쟁법을 위
반한 전쟁범죄나 학살 박해 등의 잔학행위를 저질러 인도에 반한
죄로 기소된 자를 BC급 전범이라 불렀습니다. 일본의 경우, 도쿄
재판 이외에 평화에 반한 죄로 기소된 경우가 거의 없었기 때문에
도쿄 극동국제군사재판소 이외의 연합국 법원에서의 재판은 일반
전쟁범죄를 다룬 BC급 전범 재판이라 할 수 있습니다.

　　연합국이 가장 중시한 전쟁범죄는 자국 전쟁포로에 대한 학대행
위였습니다. 1941년 태평양전쟁이 발발하자 일본은 순식간에 동
남아 지역 대부분을 점령하였고, 그 과정에서 30만명이 넘는 연
합군 포로가 발생했습니다. 당시 일본은 1929년 전쟁포로 대우에

관한 쥬네브 협약에 서명하였으나 군부의 반대로 비준을 하지 않았기 때문에 협약 자체에 법적으로 구속되지는 않았습니다. 이에 미국과 영국은 일본을 상대로 자국 포로들을 국제법에 따라 대우할 것을 요구했고, 일본은 1929년 쥬네브 협약에 준용해서 대우하겠다고 답했습니다. 그러나 실제로 당시 일본 군부는 1941년 1월 도쿄 히데키 육군대신이 공포한 전진훈(戰陣訓)에서 볼 수 있듯이 포로가 되는 것을 원칙적으로 금기시하는 군국주의 문화가 팽배해 있었기 때문에 연합군 포로들에게 식량, 의료품조차 제대로 제공되지 않았고, 버마철도 건설 등 힘들고 위험한 작업에 포로들을 불법적으로 투입하는 등의 가혹한 처우로 서양 포로들의 사망률이 27.1%에 이르렀습니다. 이는 독일이 나치 이념하에 슬라브족이라 천시했던 소련군 포로들의 사망률 57%(350만명)보다는 낮으나, 독일의 영 미 포로들의 사망률 3.6%는 물론 전후 시베리아에 억류된 70만 일본군 포로의 사망률이 10% 정도였던 것보다도 훨씬 더 높은 것이었습니다.

그래서 미국은 일찌감치 포로학대의 응징을 공언해왔고, 호주 중국 등도 일본에 의한 전쟁범죄의 증거를 수집하여 전범 리스트를 준비하였으며, 1945년 9월 2일 일본이 조인한 항복문서에서 수락한 포츠담선언은 제10조에서 연합국의 포로를 학대한 자를 포함하여 모든 전쟁범죄인에게 엄중한 처벌(stern justice)이 가해져야 한다고 규정하였습니다. 물론 포로에 대한 잔학행위 외에도 점령지 민간인에 대한 잔학행위도 BC급 전범재판의 대상이 되었습니다. 특히, 중화민국, 필리핀 등은 점령 중 자국 민간인의 학살 강간 같은 전쟁범죄를 중시하였으며, 영국의 경우에도 식민통치를 재확립하고 현지 화교의 지지를 얻기 위하여 현지인에 대한 전쟁범죄에 신경을 쓰기도 했습니다. 반면에 자국 민간인 피해작 상대적으로 적었던 미국은 독일에서와 마찬가지로 자국 군인에 대한 전쟁범죄의 처벌에 중점을 두었습니다. 결국 전후 연합국(미국 영국 호주 네덜란드 프랑스 필리핀 중화민국)의 BC급 전범재판 2,244건에서 5,700명이 기소되어 이 중 사형 984명을 포함하여 4,403명이 유죄가 선고되었습니다.

그런데 이 중에는 한국인 148명(사형 23명), 대만인 173명(사형 26명)이 포함되어 있었습니다. 이 중에는 일본군인으로 민간인 학살로 처벌된 경우도 있었지만 대다수인 129명(사형 14명)은 연합군 포로감시원이었습니다. 일본은 전쟁 중 조선·대만의 인구까지 포함해서 1억 옥쇄를 외치고, 식민지 조선에서 내선일체, 황민화를 강조했으나, 정작 일본군은 조선인이 일본인과 동등한 참정권을 요구할 것을 두려워하여 이미 전황이 기울은 1944년 4월에야 뒤늦게 조선에서 징병제를 실시하였고, 그 전에는 제한된 지원병만을 받았습니다. 한편, 1941년 12월 태평양전쟁 개시 이후 일본 육군성은 포로정보국과 육군포로관리부를 설치하였으나 동남아 지역에서 연합군 포로가 30만 명으로 급증하면서 이들을 관리할 포로감시원을 대규모로 모집할 필요가 있었고, 이를 조선인 군속(군무원) 지원자로 충당하기로 하였습니다. 1942년 5월 조선에서 실시된 포로감시원 모집은 형식상으로는 지원이었으나, 전시동원체제 하에서 징용 징병이 진행되던 시기였기 때문에 어느 정도 강제성을 내포하고 있었다고 볼 수 있습니다.

이렇게 선발된 사람들은 6월 15일부터 부산 서면의 임시군속

교육대(지휘관 노구치 유즈루의 이름을 따서 노구치 부대 부름)에서 2개월간 혹독한 군사훈련을 받았으며, 쥬네브 협약이나 전쟁 포로 대우에 관한 국제법을 전혀 교육받지 않았습니다. 최종적으로 조선인 포로감시원 3,223명이 임명되어 이 중 3,016명이 동남아 각지의 연합군 포로수용소에 배치되었습니다. 포로 감시원들은 조선인 군속이라는 일본군 내에서 현역 군인도 아닌 낮은 신분으로 연합군 포로와 일상적으로 대면하는 악역을 맡게 되었습니다. 부족한 식량과 의료품 공급에도 연합군 포로를 구타하고 철도 공사 현장에 투입하는 것은 조선인 포로감시원의 역할이었습니다. 일본의 패전 후, 연합국이 자국 포로에 대한 학대행위 조사 및 재판에서 조선인 포로감시원들에게 자연히 분노가 쏠렸습니다. 반면에 이들이 카이로선언에서 노예상태에 있으며 독립이 약속된 조선인이라는 점은 연합국의 BC급 전범재판 과정에서 거의 참작되지 않았습니다.

동남아 각지에서 BC급 전범으로 금고형에 처해진 조선인 포로감시원들 중에서 일찍 형기를 마친 경우는 한국으로 귀환하였으나, 나머지는 일본 도쿄의 스가모 형무소로 이송되어 일본인 전범들과 같이 수감되었습니다. 1952년 4월 28일 발효된 샌프란시스코 평화조약 제11조는 일본이 연합국 전범재판소의 판결을 수락하고, 일본에서 구금 중인 일본인 전범의 형집행을 계속할 것을 규정했는데, 이 조약을 근거로 일본 국적을 박탈당한 스가모 형무소의 한국인 BC급 전범들은 제11조를 근거로 즉각 석방을 청구하였으나, 일본 최고재판소는 이를 기각하였습니다. 이후 형기를 마치고 출소한 한국인 BC급 전범들은 한국에서는 친일 부역자로 몰려 귀국을 못 하고, 일본에서는 일본인에게 주어지는 정부지원에서 배제당하자 신세를 비관하여 자살하는 경우까지 발생합니다. 이에 한국인 BC급 전범들은 1955년 4월 1일 동진회(同進會)를 결성하여 국회와 총리관저에서 보상을 요구하여 당시 총리의 약속까지 받아냈으나 처음에는 재정상 곤란을 이유로, 나중에는 1965년 한일청구권협정 체결을 이유로 거부당합니다.

1990년대 일본의 식민지배 전쟁 책임과 한일 과거사 문제가 다시 부각되면서 한국인 BC급 전범들도 조리(條理)를 근거로 일본정부를 상대로 배상청구소송을 제기하여 비록 기각되었으나, 일본 법원으로부터 일본 국회가 입법을 통하여 해결할 필요가 있다는 권고를 받아냅니다. 이에 2000년대에는 일본 국회에서 입법운동을 벌여 2008년 5월 29일 중의원에 특정 연합국 재판 피구금자 등에 대한 특별 급부금의 지급에 관한 법률안(特定連合國裁判被拘禁者等に對する特別給付金の支給に關する法律案)이 제출되기에 이릅니다. 그럼에도 불구하고, A급 전범이 합사된 일제 침략의 상징물인 야스쿠니 신사에서는 처형된 한국인 BC급 전범의 유족들의 요구에도 분사를 거부하여 공분을 사고 있습니다. 한편, 한국에서는 대일항쟁기강제동원피해조사 및 국외강제동원희생자등지원위원회가 129명의 포로감시원 출신 한국인 BC급 전범 중 86명을 강제동원 피해자로 인정하여, 이들이 친일 부역자가 아닌 강제동원 피해자라는 사실을 확인하였습니다.

〈신희석〉

도움이 되는 글

국무총리 소속 대일항쟁기 강제동원피해조사 및 국외강제동원희생자 등 지원위원회, 『진상조사보고서(2010. 12. 23. 의결) ─ 조선인 BC급 전범에 대한 진상조사: 포로감시원 동원과 전범 처벌 실태를 중심으로』.

우쓰미 아이코 저, 이호경 역, 『조선인 BC급 전범: 해방되지 못한 영혼』, 서울: 동아시아, 2007. [원서명 內海愛子, 『朝鮮人BC級戰犯の記錄』(東京 : 勁草書房, 1982)]

內海愛子, 『キムはなぜ裁かれたのか 朝鮮人BC級戰犯の軌跡』, 朝日新聞出版, 2008.

東京裁判ハンドブック編集委員會 (編), 『東京裁判ハンドブック』, 靑木書店, 1989.

林博史, 『BC級戰犯裁判』, 東京 : 岩波書店, 2005.

Yuma Totani, Justice in Asia and the Pacific Region, 1945~1952: Allied War Crimes Prosecutions(New York, NY: Cambridge University Press, 2015).

Barak Kushner, Men to Devils, Devils to Men : Japanese War Crimes and Chinese Justice(Cambridge, Massachusetts : Harvard University Press, 2015).

중요한 낱말 ┃ ★

BC급 전범, 한국인/조선인 연합군 포로감시원, 노구치 부대, 전쟁포로 학대, BC급 전범 재판, 쥬네브 전쟁포로 대우에 관한 협약, 스가모 형무소, 샌프란시스코 평화조약 조선인강제연행진상조사단은 아시아태평양전쟁(1931~1945) 기간 중 일본에 의한 강제동원(일본군위안부, 노무자, 군인, 군무원 등)의 사실을 문헌·현지조사·증언수집 등에 의한 객관적인 조사를 통해 진상을 규명하고 한국(남북한)과 일본 간 우호와 화해를 목적으로 1972년 8월 오키나와(沖繩)에서 결성되어 도쿄를 비롯한 일본 전역 25개 지역에 지역조사단을 두고 활동하는 일본의 시민단체입니다.

1950년대부터 일본에서는 중국인 강제연행에 대한 조사 및 유골봉환이 진행되는데 비해 조선인 강제동원은 사실 자체를 부정하는 분위기였습니다. 재일사학자 박경식(朴慶植: 1922~1998)이 『조선인강제연행의 기록』(1965)을 발간하여 조선인 강제동원의 사실을 밝힌 후 일본 학계와 사회에 파장을 불러 일으켜 조선인강제동원 연구의 필요성이 높아지고, 다양한 연구 성과가 발표되었습니다.

또한 1970년대 초반 동아시아에서 일어난 새로운 정치적 변화는 조선인강제연행진상조사단과 같은 시민단체 발족에 일정한 영향을 미쳤습니다. 1945년 일본이 아시아태평양전쟁에서 패전하면서 미군의 통치 아래 놓여 있었던 오키나와의 통치권이 1972년 5월에 반환되었습니다. 또한 1972년은 미국과 중국의 역사적 화해가 이루어지고, 중국과 일본의 국교정상화가 성사된 해이기도 합니다. 이러한 동아시아 역사의 새로운 시대가 열린 1972년에 일본에서 조선인 강제동원에 대한 시민단체가 오키나와에서 발족하였습니다.

1972년 오키나와에서 조선인강제연행진상조사단을 결성할 당시에는 일본의 학자·문화인·법률가와 재일본조선인총연합회가 연대하는 형식이었으나 현재 구성원들은 국적이나 정치적 지향성과 관계없이 참여하고 있습니다. 중앙조직이 구성되어 있으나 각지의 지방 조직은 '**조선인강제연행진상조사단'이라는 명칭의 독자적인 조직으로서 활동하고 있습니다. 중앙조직과 지방조직 모두 일본인측 조사단(일본인측 전국연락협의회)과 조선인측 조사단(조선인측 중앙본부)으로 구분하여 별도의 사무국을 설치하고 있습니다. 학자·문화인·법률가·교사·지역 시민활동가 등이 참여하고 있습니다.

조선인강제연행진상조사단은 1992년 3월에 전국적인 강제연행의 정보를 수집하기 위한 핫라인을 개설하고, 전국적으로 수집한 42만여 명의 명부를 2003년 2월 28일 한국 국회의사당 국회의원회관에서 공개, 제공하였으며, 그 해 9월에는 평양에서도 전시회를 개최하였습니다.

조선인강제연행진상조사단은 1992년 1월부터 자료집을 발간하기 시작하여 2006년 1월 현재 19호에 이르렀고, 증언집(『강제연행된 조선인의 증언』, 明石書房, 1990), 신문보도집(『조선인강제연행진상조사단 1970년대의 활동 - 신문보도 복각판』, 1992) 등을 발간하였습니다. 1975년 3월에 『조선인 강제연행 강제노동의 기록—홋카이도·지시마·가라후토(北海道·千島·樺太)편』을 발간한 이후 해당 지역의 특성에 따른 조사를 진행한 결과물을 효고(兵庫), 시코쿠(四國), 간토(關東), 주부·도카이(中部·東海), 주코쿠(中國), 오사카(大阪) 등 지역별 시리즈(조선인 강제연행 진상조사의 기록)로 발간하였으며, 지역별로 가이드북이나 팸플릿도 발간하고 있습니다.

최근에 가장 활발한 활동을 하는 지역조사단은 도쿄조선인강제연행진상조사단(대표 니시자와 기요시; 西澤淸)입니다. 2004년에 발족하였고, 도쿄대공습 조선인 피해관련 조사 및 국제 심포지엄 개최, 하치조지마(八丈島) 강제동원 피해 조사, 피해자 면담조사(한국), 교과서 분석, 학습회 운영, 매월 회보 발간, 일본의 과거청산을 요구하는 국제연대협의회 연대활동 등 다양한 활동을 전개하고 있습니다. 현지조사와 학습회를 병행하면서 시민운동과 학술 활동의 균형점을 유지하는 특징을 가지고 있습니다.

1972년에 발족한 조선인강제연행진상조사단은 그 후 일본 각지의 조선인 강제동원 관련 단체가 발족하여 활발히 활동하는 데 영향을 미쳤습니다. 1990년대 초에 일본의 조선인 강제동원 관련 단체들은 전국교류집회를 개최하여 정보를 공유하고 소송을 지원하였습니다. 이러한 전국적인 활동은 2004년에 전국교류집회가 막을 내린 이후에도 각종 포럼과 네트워크 형식으로 현재에 이르고 있습니다. 강제동원 관련 단체의 활동은 단지 조선인 강제동원에 국한하지 않고 동아시아 전체의 전쟁피해 및 일본교과서 왜곡문제나 반전평화운동으로 확산되면서 일본시민평화운동에서 중요한 역할을 담당하고 있습니다.

〈정혜경〉

도움이 되는 글

朝鮮人强制連行眞相調査團, 『朝鮮人强制連行强制勞動の記錄－北海
道・千島・樺太篇』, 現代史出判會, 1975.
朝鮮人强制連行眞相調査團, 『資料集19』, 現代史出判會, 2006.
정혜경, 『조선인 강제연행 강제노동1 : 일본편』, 선인출판사, 2006.
「加入要請書」(强制動員眞相究明Network準備委員會事務局, 『東京朝
鮮人强制連行眞相調査團 회보 제8호, 2010.10.17.

중요한 낱말 **|** ★

아시아태평양전쟁, 조선인 강제동원, 강제연행, 오키나와, 도쿄

찾아보기

[ㄱ]

가라후토(樺太)철도연합의용·전투대 100

가미야마다(上山田)탄광 18, 44

가미카제(神風) 33

가와기시 분자부로(川岸文三郎) 66

가이류(海龍) 73

가이텐(回天) 33, 73

거문도 70, 71, 72

건축근무부대 75

경계기 71, 76

경비부 75, 79, 80

고이소 구니아키(小磯國昭) 66

공원명표 87

공장법 109, 110, 111

공창 79, 80

99상회 14, 15, 16, 17

구일본해군 조선인 군속 관련 자료 80

구해군 군속신상조사표 81

구해군군속신상조사표 87

국가총동원법 8, 13, 95

국무총리 소속 대일항쟁기강제동원 피해조사 및 국외강제동원희생자등

지원위원회 107

국민근로동원령 95, 107, 111

국민근로보국대 9, 13, 107

국민근로보국협력령 9, 13, 95, 107, 111

국민근로봉공제 93

국민당 중앙군 62

국민의용대 5, 91, 92, 94, 95, 96, 97, 98, 101, 102, 103, 104, 105, 106

국민의용대조직요강 102

국민의용전투대 96, 99, 100, 101, 102, 106

국민정신총동원근로보국운동 8, 13

국민정신총동원연맹 95

국민징용령 29, 95

국민총력연맹 102

국제형사법원 130

군관구사령관 99

군산 70, 71, 74

군속신상조사표 81

군속조사표 86

군인동원 10, 65, 67

귀환자 81, 122, 123, 124

극동국제군사재판 6, 121, 125,

126, 130, 131, 132
근로보국 10
근로보국대 5, 7, 8, 9, 10, 11, 12, 13, 107, 111
김준엽 61, 62, 63, 64

[ㄴ]

나가사키조선소 15, 16, 17, 18
나남 58, 60, 64
난요흥발 108
남사할린(樺太)탄광철도 19
남선(南鮮) 연안 70
남양군도 35, 36, 107, 108, 111
남해도 70
노구치 유즈루 135
노능서 61, 62, 64
노무조정령 95, 107, 111
노화도 72
농업보국청년대 12
뉘른베르크 국제군사재판소 126, 127, 130

[ㄷ]

다무라 히로시 126
다이쇼 데모크라시 66
다이하츠 72, 75, 76
다치바나 고이치로 65
다카시마(高島)탄광 15, 17
다케우치 야스토 21
대동아공영권 118, 120

대동아금융권 6, 113, 118, 119, 120
대만 62, 119, 130, 134
대본영 6, 113, 114, 115, 116, 117, 129
대본영령 116, 117
대일본부인회 조선본부 102
대한민국임시정부 61
도요다 소에무 126
도죠 히데키 133
도쿄 6, 15, 16, 17, 18, 38, 67, 94, 98, 102, 121, 125, 126, 127, 128, 129, 130, 131, 132, 135, 138, 140
도쿄 극동군사재판소 127, 128, 129
도쿄대공습 94, 140
도쿄재판 126, 127, 128, 129, 131, 132
도쿄전범재판 6, 121, 125
도쿄조선인강제연행진상조사단 140
동진회 136

[ㄹ]

라다비노드 팔 128
류큐 123

[ㅁ]

마루레 33, 73

만주개척여자근로봉사단 12
만주건설근로봉사대 12
만주국 45, 46, 93
만주협화봉공대 93
만주협화회 93
맥아더 122, 124, 126
목포 70, 71, 74, 75, 76
무장해제 122
미군 전략정보기관 62
미나미 지로 67, 69
미성년자 강제노동 111
미쓰비시 5, 7, 14, 15, 16, 17, 18, 19, 20, 21, 22, 23, 24, 26, 28, 29, 30, 31, 32, 33, 34, 35, 36, 37, 38, 39, 40, 41, 42, 43, 44, 45, 46, 47, 48, 49, 50, 51, 52, 53, 54, 56
미쓰비시광업 16, 17, 19, 20, 22, 23, 26, 28
미쓰비시광업개발 23, 26
미쓰비시상사 14, 15, 16, 17, 18
미쓰비시제지 16, 20
미쓰비시제철 19
미쓰비시조선소 18
미쓰비시중공업 17, 18, 29, 30, 31, 32, 33
미쓰비시중공업 나고야항공기제작소 32
미쓰비시합자회사 16, 17, 18

미쓰이 14, 20
미태평양육군총사령관 122

[ㅂ]

박경식 138
반도응징사 28
방공총본부 94
방위총사령부 70
버마철도 133
병역법 67, 99, 101, 102, 103, 106
병역법개정위원회 67
본토결전 76, 79, 92, 96
부산 서면 134
비금도 70, 71, 72
비바이탄광 18
BC급 전범 6, 121, 127, 132, 133, 134, 135, 136, 137
빌헬름 2세 128

[ㅅ]

사카모토 료마 14
사할린 20, 21, 22, 28, 34
3·1 독립운동 66
상주화 58, 60
샌프란시스코 평화조약 127, 131, 135, 137
선박구난전투대 100
선박의용전투대 100
쇼하츠 72, 76

스가모 형무소 135, 137
스미토모 14
스즈키 간타로 96
신요 33, 73, 76
신창탄갱 34, 54
신푸(神風) 특공대 73

[ㅇ]

아시아태평양전쟁 4, 19, 21, 32, 33, 54, 92, 93, 107, 111, 138, 141
ILO협약 110
A급 전범 127, 132, 136
여성동원 111
여수 70, 71, 74, 76
여자정신근로령 107, 111
연료창 79, 80
연합국군 최고사령부 122
연합국민의용대 98, 106
연합군 포로정책 126
오키나와 138, 139, 141
옥쇄 88, 134
요코하마 36, 37, 119, 120, 126, 127
요코하마정금은행 119, 120
용산 56, 57, 58, 59, 60
용산 미군기지 56, 59, 60
우키시마마루 89
우편기선미쓰비시회사 15, 17

워싱턴 체제 66
윌리엄 웹 128
유골봉환 138
유수 제20사단 76
유수 제30사단 76
유아노동 110
육군운수부공원명표 87
육군특별지원병임시채용규칙 61
육군특별지원병제도 65, 69
육군포로관리부 134
육상근무부대 75
윤경빈 62, 64
의용대 93, 102, 103, 104, 106
의용병역법 99, 101, 102, 103, 106
의용봉공대 92, 93, 106
이구치 쇼고 65
이와사키 야타로 14, 16, 17, 54
이타가키 세이시로 67
일본은행 119, 120
일소중립조약 127
일제강점하강제동원피해진상규명위원회 31, 54, 75, 76, 81
임시군속교육대 134
임시정부 62, 63, 64, 129

[ㅈ]

자살 공격 72, 76
자살특공대 32, 33, 54

자은도 70, 71, 72

장정 62

장준하 61, 62, 64

전라도 해안 70

전시대본영조례 114, 117

전진훈 133

정금은행 119

제5연료창 80

제20사단 사령부 56

제88사단 100

제160사단 75

제로센 32, 33, 54

제주도 70, 71, 73

조선군 60, 66

조선군사령부 56, 60, 67

조선방직 24, 33, 46, 47, 48, 50, 51, 54

조선여자근로정신대 30, 31, 54

조선은행 119, 120

조선은행회 120

조선의용군 63

조선의용대 93

조선인 강제동원 54, 111, 138, 139, 140, 141

조선인강제연행진상조사단 138, 139, 140

조선인 군속 79, 80, 84, 88, 89, 134, 135

조선 주둔 일본군 65, 66, 67, 69

조선주차군 65

조선청년체력검사 68, 69

조선총사령부 102, 106

조선축성계획 70, 76

죄형법정주의 128

주정기지 70, 71, 72, 75, 76

주한미군 56, 60

중경 62

중국 관내지역 62

중립법 116

중일전쟁 67, 69, 114, 116, 117, 118, 125

쥬네브 협약 133, 135

지나사변 116, 117

지원병제도 64, 65, 67, 68, 69

GHQ 6, 18, 121, 122, 123, 124

직역의용대 98

진수 99

진해경비부 80

징병제 65, 66, 67, 68, 69, 134

[ㅊ]

참모총장 114, 115, 116, 117

철도의용전투대 100

총동원체제 11, 13

추자도 70, 71, 72, 74

731부대 129

7 · 7사변 116

[ㅌ]

통수권 115, 117
특별근로보국대 9

[ㅍ]

포로감시원 134, 135, 136, 137
포로정보국 134
포츠담선언 122, 124, 125, 133

[ㅎ]

하세가와 요시미치 65
하시마 26, 37, 54
하시마탄광 26, 27, 28
하치로가타마루 89
하치조지마 140
학도지원병제도 61, 64, 65
학병 61, 62, 63, 64
한광반 62
한국광복군 61, 62, 64
한국광복군 간부훈련반 62
한국주차군 56, 60
한국주차군사령부 56, 57
한반도 주둔 일본군 56, 60
한일의정서 56, 60
한일청구권협정 136
해군군령부장 114
해군설영대 79
해군시설부 79
해남반도 70, 71, 76

해안 방어 70
협화의용봉공대 93
화태개척근로대 12
황민봉공대 94
황민화 66, 69, 134
황포군관학교 62, 64
후쿠류 73
휴대화폐량 122, 123
흥아청년근로보국대 12
히로히토 115, 128, 131

半島同胞에 最高榮譽

施行期는 昭和十九年度부터
國防義務의 重責을 分擔

情報局長談

【京城五月九日午前發】